DIESES
BUCH GEHÖRT:

HOLLA DIE KOCHFEE
ZAUBERT

LOW CARB
Das geniale Backbuch

INHALT

Aller guten Dinge sind ... SECHS!

Die Sechs ist eine kleine Glückszahl: der Sechser im Lotto oder die Sechs auf dem Würfel. Ganz klar steckt jede Menge Zauber in dieser Zahl – und daher war von Anfang an klar: Meine Nummer sechs in Ihrem Bücherregal ist ein Buch, das Sie glücklich machen wird: eine Fortsetzung der Erfolgsgeschichte meines süßen Backens! Nichts wurde sich so sehr gewünscht wie eine „Backbibel" mit noch mehr zucker- und glutenfreien Kuchen, Torten und süßen Rezeptideen zum Kaffee und für den kleinen Süßhunger zwischendurch!

Und so ist es für mich ein besonders glücklicher Moment, Ihnen nun mit einem großen Schwung Feenstaub die kleine Schwester des Buchs vorzustellen, dessen Rezepte von so vielen von Ihnen seit dem Erscheinen vor drei Jahren rauf- und runtergebacken werden – ich bin selbst überwältigt, wie ungebrochen beliebt mein Erstlingswerk ist! Wobei: Die neue „kleine" Schwester ist im Vergleich zur Nummer eins eine echte Wuchtbrumme: größer, dicker und bis zum Rand vollgepackt mit allem, was ich in den letzten Jahren rund um das zuckerfreie Low-Carb-Backen zusammengetragen habe.

Sie halten eine Art Standardwerk in den Händen – mit sieben Kapiteln zu den einzelnen Teigen und mit unendlich vielen Tipps und Tricks, die auch Anfängerinnen und Anfänger am Backofen den Einstieg so leicht wie möglich machen. Mit Schritt-für-Schritt-Anleitungen und einer umfassenden Pannenhilfe zu jedem Teig. Bevor es zur Pizza-Party und zu den köstlichen Oster- und Weihnachts-Specials geht, werfen wir einen Blick in meine Küche. Da zeige ich Ihnen meine wichtigsten Helfer: von der passenden Backform bis zur feinen Tülle!

Die abgebildeten Küchengeräte sind diesmal übrigens tatsächlich alle original aus meiner Küche, aus dem Privatfundus oder von lieben Freunden, Verwandten und Nachbarn ausgeliehen. Denn – und das ist NEU – das Buch ist diesmal ein echter Nürnberger: Meine liebe Bloggerkollegin und Fotografin Ina Speck hat alles perfekt in Szene gesetzt. Ich habe während der Produktion wie am Fließband eingekauft, daheim gebacken und dann die Backwerke zu Ina ins Studio transportiert – und das bei Riesensommerhitze!

Als kleines Extra ist meine liebe Bloggerfreundin Anita mit einigen ihrer Lieblingsrezepte mit am Start! Sie finden diese mit dem Label ihres Blogs „olles Himmelsglitzerdings" im Buch markiert.

Ich wünsche Ihnen jetzt viel Vergnügen beim Ausprobieren der leckeren Rezepte! Lassen Sie sich inspirieren, machen Sie sich, Ihre Familie und die Gäste glücklich – dafür ist Süßes schließlich da.

Ich freue mich auf Ihr Feedback, bewerten Sie den Neuzuwachs gerne im Netz, damit würden Sie mir eine riesengroße Freude machen! Für Fragen stehe ich wie immer zur Verfügung, Sie finden ein entsprechendes Kontaktformular auf meinem Blog www.holladiekochfee.de oder Sie schreiben mir auf Facebook oder Instagram!

Gutes Gelingen und viele bezaubernde süße Momente!

Herzlichst, Ihre Petra

Petra Hola-Schneider – Holla die Kochfee

Meine
BACK-BASICS

Lange hieß meine Seite auf Facebook „Holladiekochfee – keepin' it simple“ und tatsächlich ist es mir am allerwichtigsten, Sie nicht mit Unmengen von Zutaten, Zubehör und mit ellenlangen Einkaufslisten zu überrollen, sondern meine Rezepte so einfach wie möglich zu gestalten. Auf den folgenden Seiten finden Sie neben den gängigsten Low-Carb-Zutaten auch einen kleinen Blick in meine Küche und Sie lernen meine wichtigsten Küchenhelfer kennen.

Nussig-feine

MEHLE & BINDEMITTEL

MANDELMEHL

Mandeln sind die Nummer 1 in der Low-Carb-Bäckerei: Sie können mit Schale oder blanchiert, also ohne Schale, verwendet werden. Entscheidend ist der Fettanteil: Je höher dieser ist, desto weniger bindet das Mehl. Gemahlene Mandeln daher nur zusammen mit einem weiteren Bindemittel verwenden. Die beiden „echten" Mandelmehle im Handel sind allerdings entölt oder teilentölt. Sie entstehen beim Pressen von Mandelöl und werden aus dem Presskuchen vermahlen. Ich verwende beide, wobei sich das teilentölte immer mehr durchsetzt: Es schmeckt schwächer nach Marzipan – es ist zwar teurer, Sie brauchen aber weniger. Ich verwende etwa 30 % weniger als beim Weizenmehl.

KOKOSMEHL

Bei der Pressung von Kokosöl entsteht ebenfalls ein entölter Presskuchen, der zu Mehl vermahlen wird. Das duftende Mehl ist sehr ballaststoffreich und extrem saugfähig. Daher braucht man im Teig besonders wenig davon, etwa ein Drittel im Vergleich zu Weizenmehl (siehe Seite 23).

MACADAMIA- & NUSSMEHLE

Macadamia – die Königin der Nüsse! Sie zählt nicht nur zu den teuersten Nusssorten, sondern bringt auch als Mehl ordentlich Geschmack auf den Tisch. Das Mehl wird ebenfalls bei der Ölpressung gewonnen, ist entölt und saugfähig. Sie können es 1:1 wie herkömmliches Mehl verwenden. Außerdem gibt es noch weitere (entölte) Nussmehle auf dem Markt: aus Hasel-, Wal- und Erdnüssen, Sesam- und Leinsamen, Kürbiskernen, ja sogar aus Hanf!

SONNENBLUMENMEHL

Eines der vielen Nuss- und Kernmehle möchte ich Ihnen genauer vorstellen, das Sonnenblumenmehl. Es ist inzwischen in Supermärkten erhältlich und wunderbar, wenn es um Brot und Brötchen geht. Vor allem, wenn Sie DEN Klassiker der Low-Carb-Brotbäckerei, das Leinmehl, nicht so gerne mögen. Das Sonnenblumenmehl hat einen hohen Eiweißanteil und ist reich an Zink und Selen, bindet hervorragend und ist geschmacklich sehr neutral.

FLOHSAMENSCHALENPULVER

Pulverisierte Flohsamenschalen (Psyllium) sorgen mit ihrer Quell-Power für optimale Backergebnisse. Und das, obwohl man kaum mal mehr als einen Teelöffel davon braucht. Warum? Weil es extrem gute Bindeeigenschaften besitzt! Es enthält keine Kohlenhydrate (85 g unverdauliche Ballaststoffe pro 100 g sorgen für eine tolle Low-Carb-Bilanz) und ist zudem glutenfrei! Ein großes Plus ist, dass man es im fertigen Kuchen oder Brot nicht schmeckt. Achten Sie auf die Qualität: Das Pulver sollte staubfein sein und vor allem fast weiß! Halten Sie sich unbedingt an die Angaben im Rezept – zu viel des Guten kann jeden Kuchen ruinieren.

GUARKERNMEHL

Gewonnen aus der Guarpflanze, dient es häufig als Verdickungsmittel. Es ist extrem quellfähig und nicht nur in Kuchen- und Brotteigen ein geeignetes Bindemittel. Sie können es auch zum Andicken von Saucen oder zur Zubereitung von Puddings verwenden. Wie bei Flohsamenschalenpulver bitte an die angegebenen Mengen halten!

MEHL
KILO
HAUSHALT-WAGE
Beste Qualität
D. R. PATENT

Nüsse, Backpulver & SÜSSUNGSMITTEL

XYLIT

Der Zuckeralkohol Xylit entsteht eher selten – anders als der Name sagt – aus Birkenholz, sondern meist aus Buche oder Mais. Er hat 40 % weniger Kalorien als herkömmlicher Zucker bei gleicher Süßkraft. Sein glykämischer Index (Glyx) liegt bei etwa 10, weshalb Xylit auch für Diabetiker geeignet ist. Warum ich ihn trotz der immer noch vorhandenen Kalorien gern nutze? Weil er verglichen mit Erythrit weniger „frisch" schmeckt und in Kuchen und Co. kaum auffällt.

ERYTHRIT & ERYTHRIT GOLD

Kohlenhydratfrei und kalorienfrei – perfekt, oder? Erythrit unterscheidet sich vom konventionellen Zucker durch den leicht kühlen Nachgeschmack, den Sie von Kaugummis kennen. Er hat nur 70 % Süßkraft, dafür aber praktisch null Kalorien. Hergestellt wird er durch Fermentation von (aus Maisstärke gewonnenem) Traubenzucker. Achten Sie auch hier auf die Qualität. Ich verwende Erythrit vor allem in stark gewürztem Gebäck (wie Gewürzkuchen oder Ingwergebäck), weil hier der frische Geschmack nicht so auffällt – oder ich nehme je 50 % Xylit und Erythrit. Wie Xylit wird Erythrit als Zuckeralkohol nicht verdaut, man muss daher keine Kohlenhydrate anrechnen.

Bei Erythrit Gold sind Apfelextrakte zugesetzt – so bekommt die Süße etwas wunderbar Karamelliges und ist wie brauner Zucker einsetzbar. Man kann damit auch gut Nüsse karamellisieren oder Cremes und Tortenfüllungen ein herrliches Aroma verleihen. Im Blitzhacker fein pulverisiert, löst sich Erythrit Gold schneller auf. Ein kühler Geschmack ist nicht vorhanden – ideal für Streusel und Basisteige.

WEINSTEINBACKPULVER

Für fast jedes Gebäck braucht es ein Backtriebmittel, damit es aufgehen kann. Es hat nichts mit Low Carb zu tun, aber ich mag Weinsteinpulver einfach lieber. Vom Triebmittel her unterscheidet es sich nicht von Backpulver, in beiden Fällen sorgen Natron und Säure dafür, dass das Gebäck nicht platt bleibt. Anstelle von Phosphat enthält Weinsteinbackpulver aber – wie der Name schon sagt – Weinstein. Die Dosierung bleibt dieselbe, Sie finden es in jedem Supermarkt bei den Backzutaten.

ZARTBITTERSCHOKOLADE

Haben Sie keine Low-Carb-Schokolade im Haus, die es übrigens in unendlich vielen Sorten gibt, nehmen Sie Zartbitterschokolade (am besten mit 90 % Kakaoanteil)! Grundsätzlich gilt: je höher der Kakaoanteil, desto niedriger die Menge an Zucker bzw. Kohlenhydraten. Eine gute Alternative ist Roh- oder Backkakao, er bringt intensiven Schokoladengeschmack ins Gebäck und nur wenig Kohlenhydrate. Aus dem Low-Carb-Bereich gibt es inzwischen auch diverse Schoko-Drops – in Weiß und dunkel.

NÜSSE & SAATEN

Nicht nur die (entölten) Mehle aus ihnen, sondern auch die Nüsse selbst kann man prima verbacken. Mandeln, Mohnsamen, Hasel- und Walnusskerne dienen uns als natürliche Quelle für gesunde Fettsäuren. In Broten verwende ich gern gemahlene Saaten wie Kürbis- oder Sonnenblumenkerne. Im Blitzhacker ist die benötigte Menge im Handumdrehen fein gemahlen – Sie können also ohne spezielle Zutaten loslegen!

Coffee
mahlt mokkafein

Aromareiche

GEWÜRZE & CO.

VANILLE

Eines der gängigsten Gewürze – nicht nur beim Low-Carb-Backen, sondern in jeder Backstube – ist wohl die Vanille. Verwenden Sie nach Möglichkeit ganze Vanilleschoten, kratzen Sie das Mark aus und heben die leere Schote auf! Sie können damit wunderbar Puder-Xylit aromatisieren. Vanille bekommen Sie auch gemahlen, als Paste oder Essenz. Die beiden Letzteren enthalten Zucker – da man aber nur einen Hauch davon braucht, schlägt es nicht sonderlich zu Buche. Die Essenz können Sie selbst ganz einfach herstellen, indem Sie Vanillemark und ausgekratzte Schoten mehrere Wochen in hochprozentigem Alkohol ziehen lassen!

ZIMT

Zimt wird aus der getrockneten Rinde verschiedener Zimtbäume hergestellt – achten Sie wie immer auf gute Qualität, die bietet der echte Ceylon-Zimt. Zimt gehört zu den ältesten Gewürzen der Welt und ist schon lange nicht nur zu Weihnachten im Einsatz: In Streuseln macht sich Zimt ebenso köstlich wie in Schokoladen- oder Apfelkuchen. Zimtstangen eignen sich zum Aromatisieren von Low-Carb-Konfitüren und -Sirup.

TONKABOHNE

Die getrocknete schwarze Hülsenfrucht ist für mich der Star unter den süßen Gewürzen: Öffnet man die Dose, strömt einem ein betörender karamellartiger Duft entgegen, der Kuchen und Cremes eine ganz besondere Note verleiht. Durch ihre Intensität eignet sich die Tonkabohne besonders für Panna cotta, Pudding und Aroma-Zucker. Immer sparsam verwenden, daher reibt man bei Teigen nur einen Hauch dazu – lässt sie ansonsten am Stück nur kurz mitköcheln oder -ziehen und entfernt sie dann. Gewaschen und trocken getupft, lässt sie sich wie ausgekratzte Vanilleschoten weiterverwenden.

SÜSSE GEWÜRZMISCHUNGEN

Stollen-, Spekulatius- und Lebkuchengewürz sind gute Alternativen für vielerlei Gebäck: Gewürzkuchen, Lebkuchen, Kekse, Kürbis- und Gemüsekuchen können Sie so zuckerfrei verfeinern. Wie Zimt verwende ich die Gewürzmischungen gern für Streusel und Low-Carb-Konfitüren und -Kompotts. Auch eine Ganache (siehe Seite 110) kann dadurch jedes Mal anders schmecken.

INGWER

Ingwer ist ein tolles Gewürz und super für den Stoffwechsel, unsere Immunstärke – einfach für alles! Frisch fein gerieben, verleiht Ingwer Keksen und vor allem Mürbeteig ein tolles Aroma, passt aber auch in Kürbis- und Möhrenkuchen.

AROMATISIERTE ZUCKER

Statt teure Fertigprodukte zu kaufen, mache ich meine Aroma-Süßen selbst. Die Basis ist stets ein im Blitzhacker fein gemahlenes Pulver aus Xylit oder Erythrit (Gold). Dieser Puderzucker kommt einfach mit Vanille (den ausgekratzten Schoten), Tonkabohne oder Zimtstange mehrere Wochen in ein luftdicht schließendes Glas. Sie können auch Backkakaopulver auf diese Weise aromatisieren und damit zum Servieren Ihre Kuchen bestäuben.

Praktische

GERÄTE & ZUBEHÖR

HIGH-END ODER BESCHEIDEN?

Da ich neben meinen eigenen Büchern und Blog-Rezepten auch Rezepte im Auftrag für Unternehmen oder Produzenten von Geräten und Lebensmitteln erstelle, habe ich daheim natürlich so ziemlich alles, was der Markt hergibt. Privat sind aber in meiner Backstube immer dieselben sehr nützlichen Helfer im Einsatz:

KÜCHENMASCHINEN

Sie backen viel, wollen gleichmäßige Qualität und damit verbunden Zeitersparnis? Dann rate ich zum Kauf einer guten Küchenmaschine – mit hoher Leistung zum Kneten schwerer Teige (Brot) und einem möglichst großen Schneebesen für Eischnee, Cremes und alles Fluffige. Meine kann auch kochen, was ich zum Temperieren von Schokolade und vor allem zum Kneten von Hefeteig nutze. Das zweite Gerät, das ich gleich zweimal habe, ist ein Blitzhacker: Im kleinen Behälter hacke ich Kräuter, mache Mayo und Salatsaucen oder mahle kleine Mengen an Nüssen und Saaten für Brote oder Kuchen. Im großen werden Teige gemixt, Streusel zubereitet (siehe Seite 82) oder wird Blitzeis aus tiefgekühlten Früchten gezaubert.

KLEINE GERÄTSCHAFTEN

Teigschaber: unbedingt hitzebeständig, dann kann man sie auch zum Umrühren kochender Flüssigkeiten verwenden, ohne dass sie schmelzen … Sie bekommen jeden Rest aus der Rührschüssel, helfen, den Teig zu verteilen – einfach die Nummer 1.
Schneebesen: in klein und groß ein Muss, wenn Sie nicht alles in die Küchenmaschine geben wollen. In jede Ecke kommen Rührer aus Metall oder Schneebesen mit eckigen Kanten.
Profireiben: Wie bei Messern auch nützt Ihnen eine formvollendete Reibe nichts, wenn sie nicht scharf ist. Ich reibe gerne per Hand und sehe es als einen meditativen Moment in der Küche an. Meine Reiben sind Profireiben – feine für Zitrusschalen, aber auch für Knoblauch, Käse, Muskat oder Tonkabohne; gröbere für Gemüse und flache für Scheiben von Obst und harten Gemüsesorten oder Pilzen.
Nudelholz und Teigrädchen: Sie kennen natürlich das große Nudelholz, aber eine kleine Teigrolle ist oft praktischer, wenn es ans Ausrollen geht oder der Teig in der Form in die Ecken gedrückt werden muss. Das Teigrädchen zaubert schöne Ränder.
Spritzbeutel mit Tülle: Im Supermarkt bekommt man winzige Spritzbeutel mit noch winzigeren Tüllen, die auf Muffins und Kuchen meist eher traurige Häufchen produzieren. Kaufen Sie sich daher lieber einen großen Spritzbeutel (neben den Einwegbeuteln gibt es auch sehr gute abwaschbare) und zwei bis drei große Tüllen dazu (eine glatte, eine mit wenigen „Zähnen" und eine für ein feines Muster). Das reicht – egal ob Sie Kuchen dekorieren, Baiser backen oder die Creme für ein No-Bake-Dessert unfallfrei ins Glas drapieren wollen.

BACKFORMEN

Neben hochwertigem Silikon verwende ich sehr gut beschichtete Backformen, die man nicht mehr einfetten muss. Vermeiden Sie alles, wo sich die Beschichtung ablöst, was scharfe Kanten hat und rostet – so bleiben Ihre Hände unbeschadet!
Noch mehr Geräte finden Sie auf meinem Blog holladiekochfee.de unter „Mixen, …" aufgelistet!

Happiness is a
piece of cake

Biskuitmasse &
RÜHRTEIG

Der einfachste Teig und ein echter Verwandlungskünstler ist der Rührteig! Das kinderleichte Basisrezept können Sie mit wenigen Handgriffen abwandeln und zaubern so im Nu immer das passende Gebäck für Ihre Kaffeetafel – vom saftigen Kastenkuchen über Klassiker wie Donauwellen bis hin zu kleinen Muffins und Tassenkuchen! Als kleines Extra zeige ich Ihnen, wie Sie köstlichen Low-Carb-Biskuit herstellen – die perfekte Grundlage für gefüllte Rouladen und Torten.

Step by step

LIMETTEN-SCHOKO-KUCHEN

Die einfachsten Low-Carb-Rührkuchen bestehen aus Butter, Eiern, Nussmehl nach Wahl, Backpulver und Low-Carb-Süße. Hier sind noch Limette und Schokolade im Spiel – einfach köstlich!

FÜR 1 KLEINE KASTENFORM (24 CM LÄNGE; 12 STÜCKE)

Butter für die Form
1 unbehandelte Limette
100 g weiche Butter
80 g Xylit
4 Eier (L)
100 g helles teilentöltes Mandelmehl
½ Pck. Weinsteinbackpulver
50 g Zartbitterschokolade
(90 % Kakaoanteil; oder Low-Carb-Schokolade)

ZUBEREITUNG: 15 MIN.
BACKEN: 45 MIN.

PRO STÜCK: CA. 165 KCAL,
7 G EW, 12 G F, 2 G KH, 8 G XYLIT

Den Backofen auf 180 °C vorheizen. Die Kastenform mit einem Pinsel gründlich mit etwas weicher Butter einfetten. Alternativ die Backform mit Backpapier auslegen. Die Limette heiß waschen und gut abtrocknen, 1 TL Schale auf der Zitrusreibe fein abreiben. Dann die Limette halbieren und 4 EL Saft auspressen.

In einer Rührschüssel die Butter und den Xylit mit den Quirlen des Handrührgeräts schaumig schlagen. Dafür sollte die Butter cremig weich sein. Wer will, kann den Xylit nach und nach dazugeben und auf höchster Stufe etwa ½ Minute rühren. Anschließend die Eier einzeln dazugeben und jeweils auf höchster Stufe etwa ½ Minute unterrühren.

Mandelmehl und Backpulver mischen und, falls nötig, sieben – so mischt sich beides besser und der Mix wird schön luftig. Den Mehl-Mix esslöffelweise zur Butter-Eier-Mischung geben und auf mittlerer Stufe unterrühren. Falls der Teig zu fest ist, noch soviel Milch untermischen, dass der Teig schwer reißend vom Löffel fällt. Limettensaft und -schale untermischen. Schokolade darüberraspeln und unterrühren.

Den Teig mit einem Teigschaber etwa zwei Drittel hoch in die Form füllen und glatt streichen. Dann den Kuchen im Ofen auf der mittleren Schiene etwa 45 Minuten backen. Herausnehmen und auf einem Kuchengitter abkühlen lassen. Nach Belieben mit einem Limettenguss (siehe Tipp rechts) bestreichen und mit Low-Carb-Schokostreuseln bestreuen. Alternativ mit unbehandelten Limettenscheiben garnieren.

TIPP:

Für Zitrusguss mischen Sie in einer kleinen Schüssel einfach 30 g Puder-Xylit mit 10 g Zitrussaft nach Wahl. Die Flüssigkeit sollte also etwa ein Drittel der Zuckermenge betragen.

RÜHRTEIG
Pannenhilfe & Wissenswertes

Der Klassiker in der Backstube ist der Rührteig! Seine Vorteile? Er ist schnell gemacht, absolut gelingsicher und auch, was die Zutaten betrifft, sehr genügsam: einfach Weizenmehl gegen ein geeignetes Nussmehl austauschen und schon kann es losgehen!

MANDELMEHL

Mandelmehl ist nicht gleich Mandelmehl, es kommt auf den Fettanteil an: Je weniger entölt das Mehl ist, desto fetter ist es und desto weniger zusätzliches Fett kann die Masse aufnehmen. Haben gemahlene blanchierte Mandeln (auf dem Markt oft überteuert als „Mandelmehl" im Angebot!) etwa 54 g Fett, kommt ein teilentöltes Mandelmehl nur auf etwa 19 g, entöltes auf 7 g. Deshalb kann man es in den Rezepten nicht einfach ohne weitere Anpassungen austauschen, ohne die Menge an Butter oder verwendetem Fett zu verändern. (Umgekehrt muss man die Buttermenge erhöhen, wenn man statt gemahlener Nusskerne ein (teil-)entöltes Nussmehl nimmt.) Rechnen Sie beim Ersetzen von Weizenmehl etwa ein Drittel weniger an Mandelmehl.

MIXEN & MISCHEN

Was gehört zusammen? Grundsätzlich gilt: zunächst alle trockenen Zutaten sorgfältig mischen, also Nussmehl, Backtriebmittel, Salz und eventuelle trockene Gewürze. Dann die übrigen Zutaten in einer weiteren Rührschüssel fluffig aufschlagen: Eier, Fett und Süße, Vanilleessenz und/oder aromatisierten Xylit. In diese aufgeschlagene Masse gibt man löffelweise die gut gemischten trockenen Zutaten dazu – das war schon der ganze Zauber, bevor es ans Backen geht!

SCHON FERTIG?

Wie Sie bei Rührteigen die Stäbchenprobe durchführen, um zu prüfen, ob der Teig fertig gebacken ist, erfahren Sie auf Seite 32.

KOKOSMEHL

Die auf dem Markt befindlichen entölten Kokosmehle haben sehr ähnliche Nährwerte – das macht ihren Einsatz in den Rezepten unkompliziert, denn sie verhalten sich auch gleich: Sie saugen deutlich mehr Flüssigkeit auf als andere Nussmehle und binden dadurch viel stärker. Dosieren Sie daher das Mehl nach und nach und beobachten Sie den Teig. Es ist einfacher, die Menge zu erhöhen, als den bereits zu festen Teig zu „strecken". Ich verwende je nach Kuchen nur ein Drittel der Weizenmehlmenge. Mandel- und Kokosmehl zusammen sind eine meiner Lieblingskombis bei den Rührteigen!

BUTTER, ÖL & CO.

Die Butter für einen Rührteig sollte auf keinen Fall aus dem Kühlschrank kommen – wir brauchen sie zimmerwarm und soft, damit sie sich mit den restlichen Zutaten gut verbinden lässt. Statt Butter können Sie Ghee, Kokosöl oder jedes andere geschmacksneutrale Öl verwenden. Würzige Olivenöle eignen sich bestens zum Brotbacken oder für Pizzateige.

Meine Backformen lege ich in der Regel mit Backpapier aus – es wird einfach mit dem Boden der Form in den Rand eingespannt! So lässt sich der Kuchen unfallfrei aus der Form lösen und der Boden bleibt auch blitzsauber! Die Ränder der Form am besten trotzdem mit Butter einfetten. Gerade bei Muffins und Cupcakes aus Rührteig verwende ich gerne Silikonformen, hier geht alles problemlos raus. Achten Sie auf hochwertiges Silikon.

Spanischer MANDELKUCHEN

Dieser Kuchen ganz ohne Mehl und Fett ist auch noch glutenfrei und ganz fix gemacht. Ich habe blanchierte Mandeln und weiße Schokolade genommen – für einen richtigen Sommerkuchen!

Zutaten für 1 kleine Springform (18–20 cm Durchmesser; 8 Stücke)

Butter für die Form
1 kleine unbehandelte Orange
2 EL Xylit oder Süße nach Wahl
150 g gemahlene blanchierte Mandeln
10 g Weinsteinbackpulver
Salz
3 Eier (L)
1 EL weiße Low-Carb-Schoko-Drops

Zubereitung: 15 Min.
Backen: 35 Min.
Pro Stück: ca. 175 kcal,
7 g EW, 14 g F, 4 g KH, 3 g Xylit

1. Den Backofen auf 175 °C vorheizen. Den Boden der Form mit Backpapier auslegen und die Ränder einfetten. Die Orange heiß waschen, abtrocknen und vierteln. Orange mit der Schale mit dem Xylit oder der Süße nach Wahl im Blitzhacker fein pürieren.

2. Mandeln, Backpulver und 1 Prise Salz mischen. Die Eier in einer Rührschüssel mit den Quirlen des Handrührgeräts leicht verquirlen. Das Orangen-Zucker-Püree und die Mehlmischung mit den Schoko-Drops unterrühren.

3. Den Teig in die Form füllen und im Ofen auf der mittleren Schiene etwa 35 Minuten backen, bis die Oberfläche golden ist. Aus dem Ofen nehmen und kurz abkühlen lassen, dann aus der Form lösen und auf einem Kuchengitter abkühlen lassen.

Tipp: Wer will, halbiert den Kuchen nach dem Abkühlen waagerecht und bestreicht die untere Hälfte noch mit einer Low-Carb-Konfitüre (wie man sie selbst macht, lesen Sie auf Seite 106 im Tipp). Mit einer Creme nach Wahl gefüllt und rundum überzogen sowie zuletzt mit unbehandelten Orangenzesten garniert, wird eine kleine Torte daraus!

DONAUWELLEN
mit Kirschen und Schokoglasur

Ein Klassiker, der durch die köstliche Kombination zu Recht sehr beliebt ist. Saftig marmorierter Boden mit versunkenen Kirschen, darauf eine Vanillebuttercreme, die von knackiger Schokolade gekrönt ist.

Zutaten
für 1 rechteckige Backform
(25 x 30 cm; 12 Stücke)

Für den Teig
Butter für die Form
1 Glas Kirschen ohne Zucker
(185 g Abtropfgewicht)
3 Eier (L), 3 Eiweiß (L)
100 g Erythrit (oder je 50 g Erythrit und Xylit)
100 g helles entöltes Mandelmehl, 1 TL Guarkernmehl, Salz
1 Pck. Weinsteinbackpulver
2 EL Milch, 2 EL Rohkakaopulver

Außerdem
200 g Sahne, 90 g Erythrit
(oder je 45 g Erythrit und Xylit)
150 ml Milch, 3 Eigelb (L)
1 TL Guarkernmehl
150 g weiche Butter
75 g Zartbitterschokolade
(90 % Kakaoanteil)
20 g natives Kokosöl

Zubereitung: 30 Min.
Backen: 40 Min.
Kühlen: 4 Std.
Pro Stück: ca. 245 kcal,
9 g EW, 20 g F, 5 g KH,
16 g Erythrit, 1 g Xylit

1. Für den Teig den Backofen auf 160 °C (Umluft) vorheizen. Die Form einfetten. Die Kirschen in einem Sieb abtropfen lassen. Die Eier und Eiweiße mit dem Erythrit in einer Rührschüssel mit den Quirlen des Handrührgeräts hell aufschlagen. Dann das Mandelmehl mit Guarkernmehl, 1 kleinen Prise Salz und Backpulver mischen und unter die Eiermischung heben.

2. Die Hälfte des Teigs in die Form füllen und glatt streichen. Milch und Kakao unter den restlichen Teig mischen und den dunklen auf dem hellen Teig verstreichen. Die Kirschen auf dem Teig verteilen und leicht eindrücken. Den Kuchen im Ofen auf der mittleren Schiene etwa 40 Minuten backen (Stäbchenprobe machen, siehe Seite 32). Herausnehmen und etwa 1 Stunde abkühlen lassen.

3. Inzwischen für die Creme Sahne und Erythrit in einem Topf aufkochen, vom Herd nehmen. Die Milch mit Eigelben, Guarkernmehl und nach Belieben mit 1 Prise Vanille kräftig verrühren. Dann zur Sahne geben und mit einem Schneebesen unterrühren. Alles unter Rühren nochmals aufkochen, dann vom Herd nehmen und abkühlen lassen (Pudding und Butter sollen jeweils Zimmertemperatur haben).

4. Die weiche Butter in einer Rührschüssel mit den Quirlen des Handrührgeräts einige Minuten aufschlagen, bis sie fast weiß und luftig ist. Dann den Pudding esslöffelweise dazugeben, dabei immer weiterrühren. Die Buttercreme auf dem Kuchen gleichmäßig verteilen und glatt streichen, dann alles etwa 2 Stunden kühl stellen.

5. Für die Glasur die Schokolade grob hacken und in einer Edelstahlschüssel über dem heißen Wasserbad mit dem Kokosöl bei schwacher Hitze zerlassen. Den Kuchen damit bestreichen und noch etwa 1 Stunde kühl stellen. Zum Servieren in rechteckige Stücke schneiden.

olles *Himmelsglitzerdings*

MOHNBISKUITROLLE
mit Ricotta-Beeren-Füllung

Das Tolle an der Rolle: Haben Sie den Korpus erst mal schnell zusammengerührt und gebacken, können Sie ihn rollen, schichten und füllen, wie und womit Sie wollen!

ZUTATEN FÜR 1 BISKUITROLLE (12 STÜCKE)

FÜR DEN BISKUIT
4 Eiweiß (L; Eigelbe z. B. für Mayonnaise verwenden)
Salz, 50 g Xylit
30 g helles teilentöltes Mandelmehl
10 g gemahlene Haselnusskerne
10 g gemahlener Mohn
½ TL Flohsamenschalenpulver
Xylit zum Bestreuen

FÜR DIE FÜLLUNG
100 g gemischte Beeren (z. B. Erd-, Him-, Heidelbeeren)
200 g Sahne
250 g Ricotta

ZUBEREITUNG: 20 MIN.
BACKEN: 25 MIN.
KÜHLEN: 1 STD.
PRO STÜCK: CA. 125 KCAL, 5 G EW, 9 G F, 2 G KH, 6 G XYLIT

1. Für den Biskuit den Backofen auf 180 °C vorheizen. Ein Backblech mit Backpapier auslegen. Die Eiweiße mit 1 Prise Salz anschlagen. Sobald die Masse hell wird, den Xylit dazugeben und alles cremig aufschlagen. Der Eischnee soll nicht zu fest werden, so lässt er sich besser verarbeiten.

2. Dann Mandelmehl, Haselnüsse, Mohn und Flohsamenschalen auf den Eischnee sieben und mit einem Teigschaber vorsichtig unterheben. Die Masse auf das Blech füllen und mit einer Palette zu einem Rechteck (ca. 20 x 30 cm) glatt streichen. Im Ofen auf der mittleren Schiene etwa 25 Minuten backen, dann sofort auf ein sauberes, mit Xylit bestreutes Küchentuch stürzen und das Backpapier vorsichtig abziehen. Die Biskuitplatte mithilfe des Küchentuchs locker aufrollen und so etwa 1 Stunde abkühlen lassen.

3. Für die Füllung die Beeren verlesen, waschen und trocken tupfen. Die Sahne steif schlagen, den Ricotta ebenfalls mit einem Schneebesen aufschlagen. Die Schlagsahne mit einem Teigschaber unter den Ricotta heben. Die Biskuitrolle vorsichtig öffnen und zwei Drittel der Ricotta-Sahne-Creme auf dem Teig verstreichen. Mit den Beeren bestreuen und die Teigplatte wieder locker aufrollen.

4. Dann die Rolle mit der restlichen Creme rundum überziehen. Wer will, kann noch 10 g Zartbitterschokolade (90 % Kakaoanteil; oder Low-Carb-Schokolade) zerlassen und die Rolle damit verzieren. Ein paar Beeren daraufsetzen und fertig ist die Hübsche!

KOKOSSCHNITTEN

mit gekleckstem Rührteig

Wenn Sie Kokos mögen, werden Sie diese Schnitten lieben! Der Kokosgeschmack ist ganz zart und die hellen Quarkschichten verleihen ihm eine herrliche Frische.

ZUTATEN FÜR 1 RECHTECKIGE BACKFORM (20 X 26 CM; 15 KLEINE STÜCKE)

FÜR DEN TEIG

3 Eier (L), Salz
20 g natives Kokosöl
85 g Xylit
20 g Back- oder Rohkakaopulver
500 g Speisequark (20 % Fett)
45 g entöltes Kokosmehl
35 g helles entöltes Mandelmehl
1 TL Weinsteinbackpulver
100 ml Milch
50 g feine Kokosraspel

FÜR DAS TOPPING

2 TL Low-Carb-Konfitüre nach Wahl
10 g Kokos-Chips oder feine Kokosraspel

ZUBEREITUNG: 30 MIN.
BACKEN: 50 MIN.
PRO STÜCK: CA. 130 KCAL, 8 G EW, 8 G F, 3 G KH, 6 G XYLIT

1. Für den Teig den Backofen auf 175 °C vorheizen. Die Form mit Backpapier auslegen.

2. Für die dunkle Schicht die Eier trennen, die Eiweiße mit 1 Prise Salz in einem hohen Rührbecher mit den Quirlen des Handrührgeräts steif schlagen. Kokosöl, 60 g Xylit und Kakao in einem kleinen Topf zerlassen, vom Herd nehmen und abkühlen lassen.

3. In einer Rührschüssel 100 g Quark und 1 Eigelb mit den Quirlen des Handrührgeräts mischen und die Kakao-Öl-Mischung dazugeben. Beide Mehle und das Backpulver mischen und unterrühren. Die Milch nach und nach dazugeben. Ein Drittel des Eischnees mit einem Schneebesen zügig einarbeiten, den Rest mit einem Teigschaber vorsichtig unterheben.

4. Für die helle Schicht den restlichen Quark (400 g), Kokosraspel, übrige 2 Eigelbe und restlichen Xylit (25 g) verrühren. Beide Teige abwechselnd in die Form klecksen, glatt streichen und im Ofen auf der mittleren Schiene 45 bis 50 Minuten backen.

5. Kurz bevor der Kuchen fertig ist, für das Topping die Konfitüre mit 2 EL Wasser aufkochen, vom Herd nehmen und abkühlen lassen. Den Kuchen aus dem Ofen nehmen und noch lauwarm mit der Konfitüre bestreichen, sofort mit Kokos bestreuen und vollständig abkühlen lassen. Zum Servieren in Stücke schneiden.

Tipp: Der Kuchen ist ruckzuck gemacht! Wenn Sie ihn ganz flach auf einem Backblech backen und in kleine Würfel schneiden, ergibt er eine Art Kokoskonfekt. Oder Sie machen aus dem Teig „Bounty-Gugel"! Sie sehen also, mit einmal Backen ist es nicht getan…

SCHOKO-ORANGEN-GUGEL
mit Kokosglasur

Gerade noch auf dem Kuchenteller und schon weg – die Minis sind einfach superlecker! Und wenn das Traumpaar Orange und Schokolade dann noch handlich als kleine Gugel daherkommt, ist Applaus garantiert!

ZUTATEN FÜR 1 24ER-MINI-GUGELFORM

FÜR DEN TEIG
Butter und Mehl für die Form
125 g weiche Butter
100 g Xylit
1 Pck. Vanille-Xylit
Salz, 2 Eier (L)
100 g helles teilentöltes Mandelmehl
25 g Back- oder Rohkakaopulver
1 TL Weinsteinbackpulver
abgeriebene Schale und Saft von ½ unbehandelten Orange
50 g Kokosraspel

FÜR DIE DEKO
100 g Zartbitterschokolade (90 % Kakaoanteil; oder Low-Carb-Schokolade)
3 EL Sahne
einige Kokosraspel
abgeriebene Schale von 1 unbehandelten Orange

ZUBEREITUNG: 15 MIN.
BACKEN: 20 MIN.
PRO STÜCK: CA. 120 KCAL, 4 G EW, 10 G F, 1 G KH, 6 G XYLIT

1. Für den Teig den Backofen auf 180 °C vorheizen. Die Mulden der Form gründlich einfetten und mit Mehl bestäuben.

2. Die weiche Butter mit Xylit, Vanille-Xylit und 1 Prise Salz in einer Rührschüssel mit den Quirlen des Handrührgeräts schaumig schlagen. Die Eier einzeln hinzufügen und unterrühren.

3. Das Mehl mit Kakao und Backpulver mischen. Dann mit Orangenschale, -saft und Kokosraspeln unter den Teig mischen und alles so lange rühren, bis der Teig glatt ist.

4. Den Teig in die Mulden der Form füllen und im Ofen auf der mittleren Schiene 15 bis 20 Minuten backen. Herausnehmen und in der Form etwa 10 Minuten abkühlen lassen. Anschließend aus den Mulden lösen und auf einem Kuchengitter vollständig abkühlen lassen.

5. Für die Deko die Schokolade grob hacken und in einer Edelstahlschüssel über dem heißen Wasserbad unter Rühren schmelzen, dann die Sahne unterrühren. Die Mini-Gugel mit der Glasur überziehen und mit Kokosraspeln und Orangenschale garnieren.

Tipp: Die gute alte Stäbchenprobe kommt nie aus der Mode! Wenn Sie sicher sein möchten, ob Ihr Kuchen bereits fertig gebacken ist und aus dem Ofen kann, stecken Sie einen Holzzahnstocher (bei Kleingebäck) bzw. einen Holzspieß in die Mitte des Kuchens. Ist dieser nach dem Herausziehen noch trocken, ist der Kuchen fertig! Ansonsten noch kurz weiterbacken. Übrigens: Dies gilt nicht für Rührteige, die sehr feucht und saftig sein sollen – wie für Brownies. Ist der Kuchen bereits goldbraun und noch nicht durchgebacken, decken Sie ihn einfach ab. Ich verwende dazu immer ein Blatt Backpapier, das ich einfach über den Kuchen lege.

TASSENKUCHEN
aus der Mikrowelle

Kurz und knackig! Der Low-Carb-Tassenkuchen Vanille-Haselnuss kommt aus der Mikrowelle, weil ich auch diese schnelle Möglichkeit vorführen wollte. Alles in allem ist er in unter 10 Minuten fertig!

ZUTATEN
FÜR 1 TASSE
(CA. 250 ML INHALT)

25 g sehr weiche Butter
25 g Xylit (das ist dann mal richtig süß, aber ich wollte nicht, dass sich wieder jemand beschwert, es wäre zu wenig. Mir reicht 1 gestrichener EL ...)
½ EL helles entöltes Mandelmehl
1 EL gemahlene Haselnusskerne
½ TL Weinsteinbackpulver
1 Ei (L)
⅓ TL Vanilleextrakt oder etwas Vanillemark

ZUBEREITUNG: 5 MIN.
GAREN: 4 MIN.
PRO STÜCK: CA. 430 KCAL, 14 G EW, 33 G F, 3 G KH, 25 G XYLIT

1. Die weiche Butter mit Xylit, Mehl, Haselnüssen und Weinstein-Backpulver in einer kleinen Rührschüssel mit einem kleinen Schneebesen oder einer Gabel mischen. Das Ei und die Vanille hinzufügen und gleichmäßig unterrühren.

2. Den Teig in die Tasse füllen und in der Mikrowelle bei etwa 600 Watt etwa 4 Minuten garen. Dabei zuerst 3 Minuten backen, dann die Konsistenz prüfen und den Tassenkuchen bei Bedarf nochmals etwa 1 Minute garen. Sofort genießen!

BACKOFEN GEHT AUCH

Sie können den kleinen Kuchen auch im Backofen backen. Dazu Ofentemperatur am besten auf 160 °C (Umluft) einstellen, dann sollte der Kuchen nach 20 bis 25 Minuten gar sein. Bitte eine ofenfeste Tasse verwenden! Und ich empfehle eine Stäbchenprobe (siehe Seite 32). Sie können auch die Menge vervierfachen und einen kleinen Kuchen oder mehrere Muffins daraus backen, dann lohnt sich das Anheizen des Ofens wenigstens!

FRISCH UND SAFTIG

VIELE VARIANTEN

Der Tassenkuchen kann super abgewandelt werden: Anstelle der Haselnüsse können Sie auch Mandeln oder Walnüsse nehmen oder eine Mischung daraus. Mit 1 TL Back- oder Rohkakaopulver wird es wunderbar schokoladig. Oder Sie mischen Low-Carb-Schoko-Drops unter den Teig. Der Saft und die abgeriebene Schale von 1 unbehandelten Limette oder Zitrone sind auch perfekt! Noch ein paar Beeren in den Teig? Aber sicher!

TOPPING-IDEEN

Natürlich lässt sich der „Mug Cake“, wie er auf Englisch heißt, auch nach Belieben garnieren: zum Beispiel mit 1 TL Low-Carb-Schoko-Drops bestreuen oder mit 1 TL Roh- oder Backkakaopulver bestäuben. Lecker machen sich auch Zesten von unbehandelten Zitrusfrüchten nach Wahl – Zitrone, Orange, Limette. Oder Sie häufen zum Servieren einfach 1 Handvoll frische Beeren auf den Tassenkuchen. Auch hier haben Sie freie Wahl – extralecker finde ich Johannis- oder Heidelbeeren.

RICOTTAMUFFINS

mit Orange und Mandeln

Muffins wie ein Urlaubstag – duftend, leicht und locker! Eine Mischung aus einem spanischen Mandelkuchen und einem cremigen Cheesecake, dabei kinderleicht und schnell gebacken.

ZUTATEN FÜR 12 MUFFINS

1 unbehandelte Orange
500 g Ricotta
50 g Xylit
3 Eier (L)
130 g helles entöltes Mandelmehl
1 TL Weinsteinbackpulver
25 g Mandelblättchen

AUSSERDEM
12 beschichtete Muffinpapierbackförmchen

ZUBEREITUNG: 15 MIN.
BACKEN: 30 MIN.
PRO STÜCK: CA. 145 KCAL, 12 G EW, 8 G F, 3 G KH, 4 G XYLIT

1. Den Backofen auf 170 °C vorheizen. Die Papierbackförmchen auf einem Backblech verteilen (Sie können die Küchlein natürlich auch in einem Muffinblech backen – dann bitte die Mulden einfetten.)

2. Die Orange heiß waschen, abtrocknen und die Schale fein abreiben. Die Orange halbieren und 50 ml Saft auspressen.

3. Ricotta, Xylit und Eier in einer Rührschüssel mit den Quirlen des Handrührgeräts etwa 3 Minuten schaumig aufschlagen. Das Mandelmehl mit dem Weinsteinbackpulver mischen und unter Rühren zur Ricotta-Eier-Masse geben. Zuletzt Orangensaft und -schale hinzufügen und alles nochmals verrühren.

4. Den Teig in die Förmchen füllen und mit den Mandelblättchen bestreuen. Die Muffins im Ofen auf der mittleren Schiene etwa 30 Minuten backen. (Sobald die Mandeln goldbraun sind, die Muffins mit Backpapier abdecken.)

5. Die Muffins aus dem Ofen nehmen und kurz abkühlen lassen, dann aus den Förmchen lösen und auf einem Kuchengitter vollständig abkühlen lassen. Die Muffins nach Belieben mit Sahnetupfen und unbehandelten Orangenstücken garnieren.

Tipp: Wer wegen 25 g Mandelblättchen nicht extra eine ganze Packung kaufen möchte, bäckt den Kuchen ohne sie und serviert ihn mit frischen Beeren, Fruchtpüree oder 1 Klecks Sahne – schmeckt wunderbar! Sie können die Muffins nach Belieben auch mit einer Schokoglasur (siehe Seite 32) oder anderen Nüssen toppen oder pur genießen.

ERDBEERKUCHEN
(schneller Biskuit)

Ein Low-Carb-Biskuit gelingt mit dem zarten hellen teilentölten Mandelmehl einfach perfekt. Und mit einem zuckerfreien Vanillepudding unter den Erdbeeren wird alles noch leckerer und saftiger!

Zutaten
für 1 Springform (ca. 28 cm Durchmesser; 12 Stücke)

Für den Biskuit
3 Eier (M)
50 g Xylit
Mark von ½ Vanilleschote oder
1 TL Vanille-Xylit
50 g helles teilentöltes Mandelmehl
1 EL zerlassene Butter (8 g)

Für den Belag
½ Pck. zuckerfreies Puddingpulver (18 g; z. B. von Natreen)
250 ml Milch
300 g Erdbeeren oder gemischte Beeren
1 Pck. heller Tortenguss

Zubereitung: 30 Min.
Backen: 25 Min.
Kühlen: 1 Std.
Pro Stück: ca. 65 kcal,
5 g EW, 2 g F, 3 g KH, 4 g Xylit

1. Für den Biskuit den Backofen auf 175 °C vorheizen. Die Form mit Backpapier auslegen. Die Eier mit dem Xylit und der Vanille in einer Rührschüssel mit den Quirlen des Handrührgeräts hellschaumig aufschlagen. (In der Küchenmaschine dauert das etwa 5 Minuten.)

2. Das Mehl auf die Masse sieben und mit einem Teigschaber unterheben, dann die zerlassene Butter unterrühren. Die Masse in die Form füllen und glatt streichen. Im Ofen auf der mittleren Schiene etwa 25 Minuten backen, dabei den Biskuit nach etwa 20 Minuten Backzeit mit Backpapier abdecken, damit er nicht zu dunkel wird. Aus dem Ofen nehmen und auf einem Kuchengitter abkühlen lassen. Danach aus der Form lösen und auf eine Tortenplatte setzen.

3. Inzwischen für den Belag den Vanillepudding mit der Milch nach Packungsanweisung zubereiten. Den Pudding auf dem abgekühlten Boden verteilen und im Kühlschrank etwa 1 Stunde fest werden lassen. Währenddessen die Beeren verlesen, waschen und trocken tupfen, dabei größere Exemplare halbieren.

4. Den Kuchen mit den Beeren belegen. Den Guss nach Packungsanweisung mit Wasser oder Obstsaft, aber ohne Zucker zubereiten und gleichmäßig auf dem Kuchen verteilen. Den Guss fest werden lassen. Zum Servieren den Kuchen nach Belieben mit 50 g gerösteten Mandelblättchen und/oder 20 g Pistazienkernen garnieren.

Tipp: Für eine schnelle Variante können Sie den Boden auch einfach mit einer Low-Carb-Konfitüre bestreichen und dann mit den Beeren belegen. Ein Tortenguss ist nicht unbedingt nötig.

Cappuccinocreme auf SCHOKOBISKUIT

Diese Creme ist der Himmel auf Erden für alle, die Kaffee lieben! Und ganz ehrlich: Wenn Ihnen nicht nach Backen ist, machen Sie nur die Creme, eisgekühlt aus dem Kühlschrank ist sie wie Pralinen zum Löffeln …

**Zutaten
für 1 Springform (ca. 28 cm Durchmesser; 12 Stücke)**

Für den Schokobiskuit
Butter für die Form
2 Eier (L), Salz
50 g Xylit
30 g gemahlene Haselnusskerne
1 TL Weinsteinbackpulver
20 g Back- oder Rohkakaopulver
10 g Instant-Kaffeepulver
100 g entöltes Kokosmehl
2 EL weiches natives Kokosöl
200 ml Milch

Für die Creme
250 g Mascarpone
100 g Speisequark (20 % Fett)
2 EL Milch oder Sahne
1 TL Instant-Kaffeepulver

Zubereitung: 30 Min.
Backen: 30 Min.
Kühlen: 1 Std. 30 Min.
Pro Stück: ca. 200 kcal,
6 g EW, 15 g F, 4 g KH, 4 g Xylit

1. Für den Schokobiskuit den Backofen auf 175 °C vorheizen. Die Form einfetten oder mit Backpapier auslegen. Die Eier trennen und die Eiweiße mit 1 Prise Salz cremig aufschlagen.

2. Die Eigelbe mit dem Xylit in einer Rührschüssel mit den Quirlen des Handrührgeräts hell aufschlagen. Haselnüsse, Backpulver, Kakao, Kaffee und Kokosmehl mischen und mit dem Kokosöl esslöffelweise zur Eigelbmasse geben, dabei immer weiterrühren.

3. Der Teig ist sehr fest, deshalb die Milch nach und nach unterrühren. Er soll noch sehr zäh sein, aber an einen Rührteig erinnern. Dann den Eischnee dazugeben, dabei erst ein Drittel mit einem Schneebesen zügig unterrühren (um den Teig zu lockern), dann den Rest mit einem Teigschaber vorsichtig unterheben.

4. Die Masse in die Form füllen und glatt streichen. Im Ofen auf der mittleren Schiene etwa 30 Minuten backen. Herausnehmen und auf einem Kuchengitter etwa 1 Stunde vollständig abkühlen lassen.

5. Für die Creme Mascarpone und Quark mit Milch oder Sahne fluffig aufschlagen. Dabei nach Belieben 1 bis 2 EL Puder-Xylit dazugeben. Zuletzt den Instant-Kaffee unterrühren.

6. Den Boden auf eine Tortenplatte setzen, die Creme daraufstreichen oder mit einem Spritzbeutel mit großer Lochtülle aufspritzen. Den Kuchen noch etwa 30 Minuten kühl stellen. Zum Servieren nach Belieben mit Kakao bestäuben und mit Schokotäfelchen garnieren.

Happy Easter!

DIE HASEN SIND LOS

Da kommt der Osterhase gerne gleich zweimal vorbei! Denn unser Brunch hat alles, was das Herz begehrt – neben dem klassischen Carrot Cake (siehe Seite 122) auch wunderschöne Hasenkekse, ein duftendes Osterbrot, eine pikante Brottorte und gesunde Körnerriegel! Natürlich dürfen Spiegelei-Muffins nicht fehlen und es gibt sogar einen zuckerfreien Eierlikör für die Großen. Frohe Ostern und viel Spaß beim Brunch!

LECKER!

Die Rezepte für die Osterbrunch-Köstlichkeiten finden Sie auf den folgenden Seiten bzw. auf Seite 58 (Osterbrot) und Seite 74 (Carrot Cookies).

TONKA-MUFFINS MIT SPIEGELEI-DEKO

Zutaten
für 12 Muffins

120 g weiche Butter, 50 g Xylit
4 Eier (L), 100 g helles teilentöltes Mandelmehl
½ TL Weinsteinbackpulver
geriebene Tonkabohne
1–2 EL Milch
150 g Speisequark (20 % Fett)
100 g Frischkäse (Doppelrahmstufe)
6 Physalis (Kapstachelbeeren)
12 beschichtete Muffinpapierbackförmchen

Zubereitung: 20 Min.
Backen: 20 Min.
Pro Stück: ca. 180 kcal,
9 g EW, 14 g F, 2 g KH, 4 g Xylit

1. Für die Muffins den Backofen auf 180 °C vorheizen. Die Papierförmchen auf einem Backblech verteilen. (Sie können die Küchlein auch in einem Muffinblech backen – dann die Mulden einfetten.)

2. Butter und Xylit in einer Rührschüssel mit den Quirlen des Handrührgeräts schaumig schlagen. Die Eier einzeln dazugeben, dabei immer weiterrühren. Mandelmehl und Backpulver mit 1 Prise Tonkabohne mischen, esslöffelweise hinzufügen und unterrühren. So viel Milch dazugeben, dass ein dickflüssiger Teig entsteht.

3. Den Teig in die Förmchen füllen und im Ofen auf der mittleren Schiene etwa 20 Minuten backen. Herausnehmen und kurz abkühlen lassen, dann aus den Förmchen lösen und auf einem Kuchengitter vollständig abkühlen lassen.

4. Für das Topping Quark und Frischkäse in einer Rührschüssel mit den Quirlen des Handrührgeräts so lange aufschlagen, bis die Masse glatt ist. In einen Spritzbeutel mit großer Lochtülle füllen und auf jeden Muffin ein Häubchen setzen. Zuletzt jeweils ½ Physalis in die Mitte jedes Muffins setzen.

KÖRNERRIEGEL MIT MÖHREN

Zutaten
für 1 12er-Riegel-Backform

300 g Möhren
150 g Vital-Kerne-Mix
100 g Leinsamen
20 g zerlassenes natives Kokosöl
1 TL Salz

Zubereitung: 20 Min.
Quellen: 1 Std.
Backen: 50 Min.
Pro Stück: ca. 135 kcal,
6 g EW, 11 g F, 3 g KH, 0 g Xylit

1. Die Möhren putzen, schälen und fein reiben. Kerne-Mix und Leinsamen mit 150 ml Wasser mischen und 250 g Möhren dazugeben. Kokosöl eventuell kurz abkühlen lassen und mit dem Salz zur Masse hinzufügen. Alles gut verrühren und etwa 1 Stunde quellen lassen.

2. Den Backofen auf 180 °C (Umluft) vorheizen. Die Masse in die Mulden der Riegel-Backform füllen und glatt streichen. Im Ofen auf der mittleren Schiene etwa 30 Minuten backen. Dann die Ofentemperatur auf 150 °C reduzieren und die Riegel noch etwa 20 Minuten backen. (Achtung, falls die verwendeten Förmchen nicht so tief sind, kann es schneller gehen!)

3. Die Riegel aus dem Ofen nehmen, aus der Form stürzen und auf einem Kuchengitter vollständig abkühlen lassen.

BROTTORTE FÜR DEN OSTERBRUNCH

Zutaten
für 1 Springform (ca. 20 cm Durchmesser; 12 Stücke)

½ Rezept Toast (siehe Seite 156)
140 g Schmand
300 g Frischkäse (Doppelrahmstufe), 150 g Skyr
2 Pck. Instant-Gelatinepulver (30 g)
2 hart gekochte Eier (L)
½ Bund Schnittlauch
6 Radieschen

Zubereitung: 30 Min.
Backen: 30 Min.
Kühlen: 2 Std. (über Nacht)
Pro Stück: ca. 180 kcal, 10 g EW, 15 g F, 2 g KH, 0 g Xylit

1. Für den Boden (eventuell am Vortag) den Backofen auf 175 °C vorheizen. Die Springform mit Backpapier auslegen. Teig für das Toastbrot wie auf Seite 156 beschrieben herstellen und in der runden (!) Springform im Ofen auf der mittleren Schiene etwa 30 Minuten backen. Herausnehmen und in der Form vollständig abkühlen lassen.

2. Für die Füllung Schmand, Frischkäse und Skyr mit der Gelatine mischen. Den Kuchenboden in einen passenden Tortenring spannen, auf eine Tortenplatte setzen und die Masse darauf verteilen. Die Torte mindestens 2 Stunden, am besten über Nacht, im Kühlschrank fest werden lassen.

3. Anschließend (eventuell am nächsten Tag) mit einem Messer am Rand des Tortenrings entlangfahren und diesen abnehmen. Eier pellen und in Scheiben schneiden. Schnittlauch waschen, trocken tupfen und in Röllchen schneiden. Radieschen putzen, waschen und würfeln.

4. Die Brottorte mit Eierscheiben, Schnittlauch und Radieschen garnieren. Super sind auch Räucherlachs und Dill oder feiner Schinken.

SELBST GEMACHTER EIERLIKÖR

Zutaten
für ca. 500 ml

4 Eigelb (L)
100 g Puder-Xylit (im Blitzhacker schnell selbst gemacht)
100 g Sahne
150 ml ungezuckerte Kondensmilch
1 TL Vanillemark
100 ml Rum

Zubereitung: 25 Min.
Kühlen: 2 Std.
Pro 50 ml: ca. 125 kcal, 3 g EW, 7 g F, 2 g KH, 10 g Xylit

1. Die Eigelbe mit dem Puder-Xylit hellschaumig aufschlagen. (Das lasse ich die Küchenmaschine machen, das dauert etwa 5 Minuten.) Dann Sahne, Kondensmilch, Vanille und Rum hinzufügen und alles sehr gut verrühren.

2. Und jetzt heißt es, ran an die Armmuskeln: Die Masse in einer Edelstahlschüssel über dem heißen Wasserbad mit einem Schneebesen etwa 10 Minuten aufschlagen, bis sie dickflüssig wird. Sie darf NICHT kochen, sonst haben Sie hochprozentiges Rührei! Alternativ mit den Quirlen des Handrührgeräts arbeiten.

3. Fertig ist die Masse, wenn sie sich „zur Rose" abziehen lässt. Dazu einfach einen Löffel hineintunken, herausnehmen, umdrehen und auf die Rückseite pusten. Bilden sich kleine Wellen, die mit etwas Fantasie wie Rosenblätter aussehen, ist die Konsistenz perfekt. Den Eierlikör in eine sterile Flasche füllen, gekühlt hält er sich mehrere Wochen.

Fluffiger HEFETEIG

Wie Sie vielleicht wissen, komme ich sozusagen aus der Heimat des Hefeteigs. Denn in Böhmen ist dieser Teig aus der süßen Küche einfach nicht wegzudenken. Ich habe mich sehr bemüht, mit meinen Rezepten so nah wie möglich an einen meiner Lieblingshefeteige aus Kindertagen zu kommen und denke, es ist sehr gut gelungen! Freuen Sie sich auf Osterbrot, süßes Nussbrot, duftende Aprikosendatschis und ein wunderbares Pizzaboden-Basisrezept!

Step by step

SÜSSES HEFE-NUSS-BROT

Für echte Nussliebhaber! Schon der Teig ist dank der Mischung aus Mandel- und Macadamiamehl wunderbar nussig. Er geht toll auf und ist so luftig und locker, wie man es sich nur wünschen kann!

Zutaten
für 1 Springform
(ca. 26 cm Durchmesser; 12 Stücke)

150 ml Milch
1 TL Zucker
½ Würfel Hefe (21 g)
60 g helles teilentöltes Mandelmehl
50 g entöltes Macadamiamehl
50 g Xylit
2 Eier (L)
125 g Speisequark (40 % Fett oder Rahmtopfen)
5 g Flohsamenschalenpulver
100 g gemischte Nusskerne (z. B. Hasel-, Kürbis-, Macadamia-, Walnusskerne, Mandeln)

Zubereitung: 10 Min.
Gehen: 50 Min.
Backen: 45 Min.
Pro Stück: ca. 140 kcal,
9 g EW, 9 g F, 4 g KH, 4 g Xylit

Zuerst einen Vorteig oder Hefeansatz herstellen: Dazu die Milch lauwarm erwärmen und den Zucker dazugeben. Die Hefe zerbröseln und mit einer Gabel so lange unter die lauwarme Milch rühren, bis sie sich vollständig aufgelöst hat. Dann den Hefeansatz mit einem sauberen Küchentuch zugedeckt an einem warmen Ort etwa 20 Minuten stehen lassen, bis die Hefe Blasen wirft.

Die beiden Mehle und den Xylit in einer Rührschüssel mischen. Die Eier und den Quark dazugeben und mit den Quirlen oder Knethaken des Handrührgeräts unterrühren. Dann den Hefeansatz dazugießen, die Flohsamenschalen hinzufügen und alles mit den Quirlen oder Knethaken etwa 5 Minuten gut verrühren.

Den Teig zugedeckt etwa 30 Minuten gehen lassen, er gewinnt dabei an Volumen und wird innen luftig. Inzwischen die Nüsse in einer Pfanne ohne Fett hell rösten, herausnehmen und abkühlen lassen. Dann nach Belieben grob hacken oder ganz lassen und kurz unter den Teig kneten. Währenddessen den Backofen auf 180 °C vorheizen. Die Form mit Backpapier auslegen.

Den Teig mit einem Teigschaber in der Form verteilen – er ist sehr dickflüssig. Im Ofen auf der mittleren Schiene etwa 45 Minuten backen, bis die Oberfläche knusprig ist. Das süße Hefebrot aus dem Ofen nehmen und auf einem Kuchengitter abkühlen lassen.

TIPP:

Würzen Sie den Hefeteig mit Zimtpulver, gemahlenem Kardamom oder gemahlener Vanille oder geben Sie zusätzlich noch ein paar Low-Carb-Schokostückchen dazu.

HEFETEIG

Pannenhilfe & Wissenswertes

Für die einen ist er der absolute Liebling, für die anderen die größte Herausforderung in der Backstube. Typische Fragen lauten: Was muss ich machen, damit er aufgeht? Welche Temperaturen verträgt die Hefe? Soll er zum Gehen unter die Bettdecke? Und funktioniert das auch alles zuckerfrei?

AUFGEBEN GIBT ES NICHT!

Ich möchte ehrlich mit Ihnen sein: Der Hefeteig ist mein Liebling, ich bin damit aufgewachsen und habe schon deshalb große Ansprüche an ihn. Als wir uns überlegt haben, welche Teige in das Buch sollen, wollte ich ihn zunächst gar nicht mit aufnehmen. Aber dann hat mich der Ehrgeiz gepackt, ich habe herumprobiert und bin an manchen Tagen schier verzweifelt. Aber da passierte es: Es gelang ein wunderbarer Pizzateig – luftig, fluffig, mit dem typischen Duft! Und siehe da, es kamen immer mehr tolle Rezepte dazu. Lassen Sie sich überraschen!

STATT BETTDECKE

Ab mit der Rührschüssel unter die Bettdecke? Dieser Tipp stammt wohl noch aus Zeiten, als das Bett der einzige geschützte warme Ort im Haus war. Heute kann Hefeteig ganz unkompliziert im Backofen gehen, es darf nur nicht zu heiß sein! Mein Backofen hat dafür extra ein Automatikprogramm, manuell eingestellt sollte man bei 30 °C bleiben. Das gilt auch für Küchenmaschinen, die gleichzeitig kochen können und in denen der Teig ebenso gut gehen kann.

PRIMA KLIMA

Hefe mag es angenehm warm – aber auf keinen Fall zu heiß! Als Faustregel gelten 30 °C – wärmer darf die Milch für den Vorteig nicht sein. Aber auch später sollte der Hefeteig nicht in einer wärmeren Umgebung gehen. Ist die Umgebungstemperatur höher, können die Hefebakterien absterben und die Hefe verliert ihre Wirkung. Daher lautet die Empfehlung meist „zugedeckt an einem warmen Ort" – diese Standardanweisung kennen Sie sicher. Dazu reicht es, ein sauberes Küchentuch über die Rührschüssel zu legen und den Teig an einen warmen Ort zu stellen, an dem es nicht zieht. Dass man das Tuch auf keinen Fall anheben darf, um das Gelingen nicht zu gefährden, halte ich für ein Gerücht …

Was Sie tun können, um es der Hefe schön warm zu machen: Einfach die Rührschüssel heiß ausspülen und gründlich abtrocknen – so bekommt die Hefe Extrawärme!

GROSSE WIRKUNG

Die Hefe braucht Zucker! Egal ob Sie normalen Zucker nehmen, Honig, Agavendicksaft oder Kokosblütensirup – ohne Zucker wird die Hefe nicht anfangen zu arbeiten. Zum Glück reicht eine kleine Menge, in der Regel 1 Teelöffel, um den notwendigen Gärprozess in Gang zu bringen. Frische Hefe oder Trockenhefe? Ich unterscheide hier je nach Ergebnis: Bei schweren Teigen wie beim Osterbrot dient die Hefe eher als Geschmacksgeber und ich nehme daher ganz unkompliziert Trockenhefe. Bei eher luftigen Teigen kommt frische Hefe zum Einsatz, hier mache ich auch ein klassisches „Dampferl", also den Hefeansatz oder Vorteig aus warmer Milch, Zucker und der zerbröselten Hefe. Abgedeckt geht diese Mischung, bis die Hefe anfängt zu arbeiten – also Blasen wirft und die Masse aufgehen lässt.

RAHMHEFETEIG
mit Weinbergpfirsichen

Eine Erinnerung an meine Kindheit! Leckerer Hefeteig mit Obst war DER Kuchen aus Omas Küche – mal mit Streuseln, mal ohne, aber immer mit viel Liebe gebacken!

ZUTATEN
FÜR 1 TARTEFORM (CA. 30 CM DURCHMESSER; 12 STÜCKE)

FÜR DEN TEIG
125 g Speisequark (40 % Fett oder Rahmtopfen)
25 g Sahne
1 TL Zucker
½ Würfel Hefe (21 g)
300 g helles teilentöltes Mandelmehl
½ Pck. Weinsteinbackpulver
50 g Xylit
30 g weiche Butter

FÜR DEN BELAG
500 g Weinbergpfirsiche
1 EL Xylit
1 EL Low-Carb-Pfirsich- oder Aprikosenkonfitüre

ZUBEREITUNG: 25 MIN.
GEHEN: 30 MIN.
BACKEN: 45 MIN.
PRO STÜCK: CA. 155 KCAL, 15 G EW, 5 G F, 7 G KH, 5 G XYLIT

1. Für den Teig den Backofen auf 180 °C vorheizen. Quark und Sahne in einem kleinen Topf verrühren, lauwarm erwärmen und vom Herd nehmen. Den Zucker dazugeben, die Hefe zerbröseln und unterrühren. Dann alles zugedeckt an einem warmen Ort etwa 10 Minuten stehen lassen, bis die Hefe Blasen wirft.

2. Mehl, Backpulver und Xylit in eine Rührschüssel sieben. Den Hefeansatz und die Butter dazugeben und alles mit den Knethaken des Handrührgeräts gut verrühren. Den Teig zugedeckt etwa 20 Minuten gehen lassen.

3. Danach den Teig nochmals durchkneten und zwischen zwei Lagen Backpapier mit dem Nudelholz rund ausrollen. Den Teigboden auf einem Backpapier in die Tarteform setzen.

4. Für den Belag die Pfirsiche waschen, halbieren und entkernen. Die Hälften klein schneiden und auf dem Boden verteilen, dann gleichmäßig mit dem Xylit bestreuen. Den Kuchen im Ofen auf der mittleren Schiene 40 bis 45 Minuten backen.

5. Inzwischen die Konfitüre mit 1 EL Wasser erhitzen und fein pürieren. Den Kuchen aus dem Ofen nehmen und sofort mit der Konfitüre bestreichen, dann abkühlen lassen. Zum Servieren nach Belieben mit einem Hauch Puder-Xylit bestäuben. Der Kuchen schmeckt pur oder mit Schlagsahne, Sauerrahm oder Low-Carb-Eis.

Tipp: Falls die Pfirsiche sehr reif und saftig sind, empfehle ich, den Teig 10 Minuten vorzubacken und ihn dann zu belegen. Die Backzeit verkürzt sich dann um 10 Minuten, machen Sie zur Sicherheit eine Stäbchenprobe (siehe Seite 32)!

APRIKOSENDATSCHIS
in kleinen Förmchen

Kleine Tiegelchen voller Geschmack! Gebacken aus einem Hefeteig, auf den ich auch ein bisschen stolz bin. Mein Trick beim Belegen mit Obst: den Low-Carb-Teig kurz vorbacken, da er feuchter ist als normaler Hefeteig.

Zutaten
für 6 ofenfeste Förmchen
(à ca. 10 cm Durchmesser)

150 ml Milch
1 TL Zucker
½ Würfel Hefe (21 g)
100 g helles teilentöltes Mandelmehl
50 g Xylit
2 Eier (L)
100 g Speisequark (40 % Fett oder Rahmtopfen)
5 g Flohsamenschalenpulver
weiche Butter für die Förmchen
180 g Aprikosen (entkernt)
30 g Mandelblättchen
20 g Butterflöckchen

Zubereitung: 20 Min.
Gehen: 1 Std. 5 Min.
Backen: 30 Min.
Pro Stück: ca. 235 kcal, 17 g EW, 12 g F, 8 g KH, 8 g Xylit

1. Für den Vorteig die Milch lauwarm erwärmen und den Zucker dazugeben. Die Hefe zerbröseln und unterrühren. Dann alles zugedeckt an einem warmen Ort etwa 20 Minuten gehen lassen, bis die Hefe Blasen wirft.

2. Mehl und Xylit in einer Rührschüssel mischen. Die Eier und den Quark dazugeben und unterrühren. Dann die Hefemilch dazugießen, die Flohsamenschalen hinzufügen und alles mit den Knethaken des Handrührgeräts gut mischen. Den Teig zugedeckt an einem warmen Ort etwa 45 Minuten gehen lassen, dabei gewinnt er an Volumen und wird innen richtig luftig.

3. Den Backofen auf 180 °C vorheizen. Die Förmchen einfetten und den Teig darauf verteilen. Dabei mit den Fingern jeweils einen kleinen Rand rundum nach oben ziehen. Die Böden im Ofen auf der mittleren Schiene etwa 10 Minuten vorbacken.

4. Inzwischen die entkernten Aprikosen klein schneiden. Die Förmchen aus dem Ofen nehmen, die Aprikosen darauf verteilen und mit den Mandeln bestreuen. Die Mini-Datschis mit den Butterflöckchen belegen und im Ofen auf der mittleren Schiene noch etwa 20 Minuten backen, dabei gegen Ende der Backzeit mit Backpapier abdecken, damit sie nicht zu stark bräunen. Aus dem Ofen nehmen und auf einem Kuchengitter abkühlen lassen.

Tipp: Einfach göttlich schmecken die kleinen Datschis auch mit Erdbeeren – sie werden wie die Aprikosen auf den vorgebackenen Boden gelegt und dann gebacken! Wer will, kann die kleinen Kuchen vor dem zweiten Backen noch mit Low-Carb-Streuseln bestreuen (siehe Seite 82).

LA COCOTTE
STAUB

Klassisches OSTERBROT

Dieses Brot ist für mich untrennbar mit Ostern verbunden. Hier in „Low Carb" mit Quark und Mandeln und dem feinen Duft von Hefe! Wer will, kann aus dem Teig auch 12 Muffins für den Osterbrunch backen.

ZUTATEN
FÜR 1 LAIB (12 SCHEIBEN)

145 g helles teilentöltes Mandelmehl
100 g entöltes Kokosmehl
½ Pck. Weinsteinbackpulver
1 Pck. Trockenhefe
5 g Flohsamenschalenpulver
75 g Xylit
1 EL abgeriebene unbehandelte Zitronen-, Limetten- oder Orangenschale
2 Eier (L)
250 g Speisequark (20 % Fett)
120 g weiche Butter
1 Eigelb und 20 g Mandelblättchen zum Bestreuen

ZUBEREITUNG: 15 MIN.
KÜHLEN: 45 MIN.
BACKEN: 45 MIN.
ZIEHEN: ÜBER NACHT
PRO SCHEIBE: CA. 210 KCAL, 13 G EW, 13 G F, 4 G KH, 6 G XYLIT

1. Die trockenen Zutaten in einer Rührschüssel mischen und die Zitrusschale hinzufügen. Eier, Quark und Butter und nach Belieben noch 50 g grob gehackte Mandeln dazugeben. Alles mit den Knethaken des Handrührgeräts zu einem glatten Teig kneten und zugedeckt etwa 45 Minuten kühl stellen.

2. Den Backofen auf 175 °C vorheizen. Ein Backblech mit Backpapier auslegen. Aus dem Teig einen Laib formen und auf das Blech setzen. Das Eigelb verquirlen und das Osterbrot damit bestreichen, die Mandelblättchen darüberstreuen und leicht andrücken.

3. Das Osterbrot im Ofen auf der mittleren Schiene etwa 45 Minuten backen, dabei nach etwa 30 Minuten Backzeit mit Backpapier abdecken, damit es nicht zu stark bräunt. Das Osterbrot aus dem Ofen nehmen und auf einem Kuchengitter vollständig abkühlen lassen. Am besten über Nacht ziehen lassen!

Tipp: Sie können den Teig nach dem Kühlen auch in eine ovale Backform geben und darin backen. Dann erhält er eine schöne Brotform.

PIZZATEIG

Basisrezept mit Hefe

Auch in „Low Carb" ist Pizza extrem beliebt. Was ich aber erst im Zuge der Vorbereitung für das Buch probiert habe, war ein Pizzateig mit Hefe. Er ist nicht das Original, aber – wie ich finde – eine ganz wunderbare Alternative.

**ZUTATEN
FÜR 1 PIZZABODEN**

75 ml Milch
1 TL Zucker
¼ Würfel Hefe (10 g)
20 g helles teilentöltes Mandelmehl
15 g entöltes Kokosmehl
25 g entöltes Macadamiamehl
1 Ei (L)
70 g Speisequark (40 % Fett oder Rahmtopfen)
5 g Flohsamenschalenpulver
1 TL italienische Kräuter (z. B. Rosmarin, Thymian, Oregano; frisch oder getrocknet)
1 Msp. Salz

ZUBEREITUNG: 10 MIN.
GEHEN: 50 MIN.
BACKEN: 30 MIN.
PRO STÜCK (OHNE BELAG):
CA. 525 KCAL, 44 G EW, 25 G F,
23 G KH, 0 G XYLIT

1. Für den Vorteig die Milch lauwarm erwärmen und den Zucker dazugeben. Die Hefe zerbröseln und unterrühren. Dann alles zugedeckt an einem warmen Ort etwa 20 Minuten gehen lassen, bis die Hefe Blasen wirft.

2. Die drei Mehle in einer Rührschüssel mischen. Das Ei und den Quark dazugeben und mit den Knethaken des Handrührgeräts unterrühren. Dann die Hefemilch dazugießen, die Flohsamenschalen hinzufügen und alles gut verrühren. Den Teig etwa 30 Minuten gehen lassen, er gewinnt dabei an Volumen und wird innen luftig.

3. Inzwischen den Backofen auf 180 °C vorheizen. Nach Belieben die Kräuter frisch hacken, dann mit dem Salz unter den Teig kneten. Den Teig zwischen zwei Lagen Backpapier mit dem Nudelholz rund ausrollen und auf einem Backpapier auf ein Back- oder Lochblech setzen.

4. Den Pizzaboden im Ofen auf der mittleren Schiene etwa 20 Minuten vorbacken. Herausnehmen und nach Wunsch belegen, anschließend die Pizza etwa 10 Minuten fertig backen. Vor dem Servieren kurz abkühlen lassen.

Tipps: Den Teig können Sie auch mit etwas Chili oder gehackten getrockneten Tomaten verfeinern. Oder Sie backen ihn nur mit etwas Olivenöl besprenkelt als Pizzabrot.

Auf den Seiten 166 bis 169 finden Sie noch ein großes Pizza-Special mit einigen meiner einfachsten Low-Carb-Lieblingsteige für Pizza.

Buttriger MÜRBETEIG

Buttrig duftend, wunderbar zart und die perfekte Basis für viele Obstkuchen und Tartes: Der Mürbeteig ist ein MUSS in der süßen Bäckerei! Zum Glück gelingt er auch ohne Mehl und konventionellen Zucker wunderbar, wie Sie gleich sehen werden. Ich habe für Sie ein besonders würziges Shortbread, Zitronenkekse, eine herrliche Puddingtarte und kleine feine Körbchen mit Dulce de leche – und mit der Engadiner Nusstorte einen kleinen Gruß aus der Schweiz.

Step by step

GINGER SHORTBREAD

Mürbeteig ist ruckzuck hergestellt und wunderbar vielfältig. Ein gutes Beispiel: Shortbread – das geht auch spicy, mit einem Hauch Ingwer wird aus dem zartbuttrigen Gebäck eine Geschmacksexplosion!

ZUTATEN
FÜR CA. 30 STÜCK

1 Stück frischer Ingwer
100 g helles teilentöltes Mandelmehl
65 g Xylit
100 g kalte Butter
1 Ei (L)
Mehl zum Arbeiten

ZUBEREITUNG: 30 MIN.
KÜHLEN: 1 STD.
BACKEN: 50 MIN.
PRO STÜCK: CA. 45 KCAL,
2 G EW, 3 G F, 0 G KH, 2 G XYLIT

Den Ingwer schälen und auf einer Zitrusreibe oder Gemüsereibe fein reiben. Das Mehl nach Belieben sieben, das lockert das Gebäck auf. Dabei eventuell etwas Mehl abnehmen (zu viel Mehl macht den Teig brüchig) und erst am Ende, falls nötig, unterkneten. Mehl mit Xylit mischen und in den Blitzhacker oder in eine Rührschüssel geben.

Die Butter in Würfel schneiden und auf der Mehl-Zucker-Mischung verteilen. Das Ei aufschlagen und mit dem Ingwer hinzufügen. Alles zügig im Blitzhacker oder mit den Händen zu einem glatten Teig kneten. Falls er noch stark klebt, das abgenommene Mehl dazugeben. Den Teig zu einer Kugel formen, in Frischhaltefolie wickeln und im Kühlschrank etwa 1 Stunde ruhen lassen – so lässt er sich besser ausrollen.

Inzwischen den Backofen auf 180 °C vorheizen. Den Teig auf einem Blatt Backpapier mit dem leicht bemehlten Nudelholz etwa 1 cm hoch zu einem Rechteck (ca. 20 x 25 cm) ausrollen. Mit einem Teigrädchen oder Messer in etwa 30 Stücke vorschneiden, so lässt sich das Shortbread nach dem Backen leichter auseinanderbrechen.

Jedes Stück mit einer Gabel mehrmals im typischen Shortbread-Muster einstechen. Das Shortbread im Ofen auf der mittleren Schiene etwa 50 Minuten backen, dabei nach 20 Minuten Backzeit mit Backpapier abdecken, damit es nicht zu stark bräunt. Aus dem Ofen nehmen und auf einem Kuchengitter vollständig abkühlen lassen. Dann in einzelne Stücke brechen. Für intensives Ingweraroma über Nacht ziehen lassen.

TIPP:

Sie können Shortbread wie jeden Mürbeteig sehr vielfältig verfeinern – zum Beispiel mit Zimtpulver, gemahlener Vanille oder geriebener Tonkabohne, aber auch mit fein geriebener Low-Carb-Schokolade oder fein geriebener unbehandelter Zitronen-, Limetten- oder Orangenschale!

MÜRBETEIG

Pannenhilfe & Wissenswertes

Allein der Duft ist herrlich – das feinbuttrige Aroma macht Mürbeteig unverwechselbar! Er ist schnell gemacht, besteht aus wenigen Zutaten (Eier, Fett, Süße und Mehl) und ist perfekt für alles, was flach bleiben soll: Kuchenböden, Tartes und Quiches, Plätzchen, Cookies und Knusperstangen.

BLIND BACKEN

Das ist wichtig für einen Boden, der später belegt oder gefüllt wird – bei Käse- und Obstkuchen oder Quiches. Zum Blindbacken den ausgerollten Teig in der Form mehrmals mit einer Gabel einstechen und im vorgeheizten Ofen etwa 10 Minuten leicht golden backen. Herausnehmen und abkühlen lassen, dann nach Belieben füllen und fertig backen. Hat der Boden einen höheren Rand, der eventuell nach innen kippen könnte, auf dem Teig eine zweite Lage Backpapier ausbreiten und mit getrockneten Hülsenfrüchten beschweren. Diese können Sie nach dem Vorbacken übrigens weiterverwenden.

AUF SICHT BACKEN

Achten Sie beim Backen von Mürbeteiggebäck immer auf Ihr Backgut und lassen Sie es nicht einfach für die Dauer der Backzeit im Ofen, ohne den Bräunungsgrad zu kontrollieren. Es gilt: lieber einmal zu viel geschaut als verbrannte Plätzchen oder einen dunklen gedeckten Kuchen aus dem Ofenrohr holen. Mürbeteig bräunt schnell – wenn Sie das Gefühl haben, er könnte zu dunkel werden, am besten mit Backpapier abdecken.

1001 VARIATIONEN

Der Basisteig lässt sich sehr gut aromatisieren – mit Low-Carb-Schoko-Drops, Zimt, Tonkabohne, Vanille oder mit Kräutern und Chili.

AUSROLLEN, ABER WIE?

Wie bekomme ich Mürbeteig sauber ausgerollt und die Form damit ausgekleidet? Mein Tipp: Backpapier! Legen Sie die Teigkugel auf ein Blatt Backpapier und drücken sie leicht flach. Dann eine zweite Lage Backpapier darauflegen und den Teig mit dem Nudelholz wie gewünscht ausrollen. Soll der Teig in eine Kuchenform, ziehen Sie das obere Papier ab, stellen die Form auf den Teig und schneiden ihn mit etwas Randzugabe rund aus. Dann alles mit Schwung umdrehen, schon liegt der Teigboden in der Backform! Das zweite Backpapier entfernen und Teig und Rand leicht andrücken. Falls Sie sich nicht sicher sind, ob die Form gut beschichtet ist, lassen Sie das untere Backpapier einfach dran und drücken den Teig so in die Form. Vor dem Backen den Teig nochmals 20 Minuten kühl stellen.

EISKALT & SCHNELL

Sein hoher Fettanteil macht den Mürbteig so knusprig. Die Butter muss dafür eiskalt aus dem Kühlschrank kommen und schnell mit den übrigen Zutaten verbunden werden. Das gelingt am besten, wenn Sie sie in kleine Würfel schneiden und den Teig entweder mit dem Knethaken des Handrührgeräts oder – so mache ich es – im Blitzhacker zügig kneten. Auch beim fertigen Mürbeteig ist Kühlen das A und O. In 99 % der Rezepte heißt es nach dem Mischen: Formen Sie den Teig zu einer Kugel und stellen ihn kühl. Ausnahme: Wollen Sie aus dem Teig runde Plätzchen schneiden, formen Sie ihn nach dem Kneten zu einer Rolle in der gewünschten Größe und stellen diese kühl. So müssen Sie später den harten Teig nicht bearbeiten.

WHOOPIES
mit Himbeercreme

Whoop, whoop, Whoopies! Klein, fein und köstlich gefüllt sind die kleinen Süßen – und mit einem Happs auch schon weg! Die pinke Füllung macht sie zu einem echten Hingucker – wunderschön zum Tee oder Kaffee.

ZUTATEN
FÜR 20 STÜCK

FÜR DIE WHOOPIES
100 g helles teilentöltes Mandelmehl
100 g kalte Butter (in Würfeln)
1 Ei (L)
80 g Xylit
Mark von ½ Vanilleschote oder 1 TL Vanille-Xylit
1 EL Xylit für die Arbeitsfläche

FÜR DIE CREME
50 g Himbeeren
135 g Mascarpone
50 g Sahne

ZUBEREITUNG: 20 MIN.
KÜHLEN: 30 MIN.
BACKEN: 20 MIN.
PRO STÜCK: CA. 100 KCAL,
3 G EW, 8 G F, 1 G KH, 5 G XYLIT

1. Für die Whoopies alle Zutaten für den Teig zügig verkneten. (Mein Geheimtipp ist der Blitzhacker, das geht in Sekunden!) Den Teig auf der mit Xylit bestreuten Arbeitsfläche zügig zu einer Rolle (ca. 28 cm lang, 5–6 cm Durchmesser) formen. In Backpapier einrollen und im Kühlschrank etwa 30 Minuten ruhen lassen.

2. Den Backofen auf 175 °C vorheizen. Ein Backblech mit Backpapier auslegen. Die Teigrolle in etwa 40 dünne Scheiben schneiden (sie zerlaufen nicht, also ruhig dünn schneiden!). Die Whoopies nebeneinander auf das Blech setzen und im Ofen auf der mittleren Schiene etwa 20 Minuten backen. Herausnehmen und auf einem Kuchengitter vollständig abkühlen lassen.

3. Inzwischen für die Creme die Himbeeren verlesen, waschen und trocken tupfen. Dann mit der Mascarpone und der Sahne in einer Rührschüssel mit den Quirlen des Handrührgeräts cremig aufschlagen. Wer es süßer will, fügt noch 10 g Puder-Xylit hinzu.

4. Die Creme in einen Spritzbeutel mit kleiner Sterntülle füllen. Die Hälfte der Whoopies jeweils mit kleinen Cremetupfen belegen und die andere Hälfte der Whoopies vorsichtig daraufsetzen.

Tipp: Die Füllung können Sie jedes Mal anders gestalten – wenn Sie Kaffeecreme mögen, dann füllen Sie die Whoopies zur Abwechslung mit der Cappuccinocreme von Seite 40!

SÜSSE GALETTE
mit Birnen und Walnüssen

Hier machen wir es uns ganz einfach: ausgerollt und belegt in einem Aufwasch auf Backpapier. Das müssen Sie dann nur noch auf ein Backblech ziehen und wenige Minuten später duftet es nach Birne und Walnuss.

ZUTATEN FÜR 1 BACKBLECH (10 STÜCKE)

FÜR DEN MÜRBETEIG
200 g helles entöltes Mandelmehl
150 g kalte Butter (in Würfeln)
85 g Xylit
1 Ei (L)
Mark von ½ Vanilleschote
30 g Back- oder Rohkakaopulver

FÜR DEN BELAG
3 Birnen
10 Walnusskerne
20 g Zartbitterschokolade (mind. 90 % Kakaogehalt; oder Low-Carb-Schokolade)

ZUBEREITUNG: 10 MIN.
KÜHLEN: 30 MIN.
BACKEN: 40 MIN.
PRO STÜCK: CA. 275 KCAL, 13 G EW, 19 G F, 7 G KH, 9 G XYLIT

1. Für den Mürbeteig Mehl, Butter, Xylit und Ei schnell verkneten. Vanillemark, Kakao und 4 EL kaltes Wasser hinzufügen und so lange weiterkneten, bis ein Mürbeteig entstanden ist, der nicht mehr klebt. Den Teig in Frischhaltefolie wickeln und im Kühlschrank etwa 30 Minuten ruhen lassen.

2. Inzwischen für den Belag die Birnen waschen, vierteln und entkernen. Die Viertel in Spalten schneiden. Die Walnüsse grob hacken. Den Backofen auf 180 °C vorheizen.

3. Den Teig zwischen zwei Lagen Backpapier mit dem Nudelholz zu einem Rechteck (ca. 18 x 25 cm) ausrollen und mithilfe des Backpapiers auf ein Backblech ziehen. Die Birnen auf dem Teig verteilen und mit den Walnüssen bestreuen.

4. Die Galette im Ofen auf der mittleren Schiene 30 bis 40 Minuten goldgelb backen. Inzwischen die Schokolade in einer Edelstahlschüssel über dem heißen Wasserbad unter Rühren schmelzen.

5. Die Galette aus dem Ofen nehmen und mit der zerlassenen Schokolade verzieren. Zum Servieren nach Belieben mit Puder-Xylit bestäuben. Schmeckt auch warm mit Schlagsahne oder Low-Carb-Eis!

Tipp: Variieren Sie bei der Wahl der Obstsorte und der Nusskerne. Die Galette schmeckt auch wunderbar mit Äpfeln, Pfirsichen, Aprikosen oder Zwetschgen. Anstelle der Nüsse können Sie die Galette auch mit Low-Carb-Streuseln (siehe Seite 82) bestreuen.

CARROT COOKIES

für die Osterzeit

Sind sie nicht süß, die kleinen Hasen? Sie machen sich im Osternest genauso gut wie auf Ihrem Familienkaffeetisch ... und werden sicher nicht nur von den Kleinen vernascht werden!

ZUTATEN
FÜR 10–20 STÜCK (JE NACH GRÖSSE DER HASEN-AUSSTECHFORM)

FÜR DIE COOKIES
120 g helles teilentöltes Mandelmehl
60 g kalte Butter (in Würfeln)
1 Ei (L)
40 g Xylit
30 g fein geriebene Möhren
1 Msp. frisch geriebene Muskatnuss
1 Msp. gemahlener Kardamom

FÜR DIE DEKO
2–3 TL Zitronen- oder Orangensaft (ersatzweise Wasser)
100 g Puder-Xylit
2 EL gehackte Pistazienkerne

ZUBEREITUNG: 40 MIN.
KÜHLEN: 30 MIN.
BACKEN: 15 MIN.
PRO STÜCK (BEI 10): CA. 135 KCAL, 8 G EW, 7 G F, 1 G KH, 14 G XYLIT

1. Für die Cookies zuerst 100 g helles Mandelmehl mit den restlichen Zutaten zügig verkneten. Dann noch so viel Mandelmehl dazugeben, bis der Teig fest ist – je nach Mehlsorte mehr oder weniger.

2. Den Teig zwischen zwei Lagen Backpapier mit dem Nudelholz „keksdick" ausrollen und mit Frischhaltefolie abgedeckt etwa 30 Minuten kühl stellen. So tut man sich bei diesem Teig leichter, als ihn bereits gekühlt bearbeiten zu müssen. Und die Hasen lassen sich problemlos ausstechen.

3. Währenddessen den Backofen auf 160 °C vorheizen. Ein Backblech mit Backpapier auslegen. Aus der Teigplatte Hasen ausstechen und vorsichtig nebeneinander auf das Blech setzen.

4. Die Kekse im Ofen auf der mittleren Schiene etwa 15 Minuten backen, bis sie fest sind. Herausnehmen und auf einem Kuchengitter abkühlen lassen.

5. Inzwischen für die Deko aus Zitronen- oder Orangensaft und Puder-Xylit einen Guss anrühren und die Hasen damit bestreichen. Mit den Pistazien am unteren Keksrand einen „Grasrand" oder ein Schwänzchen aufstreuen.

Klassische ENGADINER NUSSTORTE

Diese Nusstorte ist bei Reisenden in die Schweiz wohl eines der bekanntesten Gebäcke und ein sehr beliebtes Mitbringsel. Man kann sie ganz wunderbar auch zucker- und weißmehlfrei backen!

ZUTATEN
FÜR 1 KLEINE SPRINGFORM (18–20 CM DURCHMESSER; 12 STÜCKE)

FÜR DEN MÜRBETEIG
100 g helles entöltes Mandelmehl
125 g kalte Butter (in Würfeln)
75 g Xylit
1 TL Vanille-Xylit oder Mark von 1 Vanilleschote
1 Ei (L)

FÜR DIE FÜLLUNG
100 g Walnusskerne
100 g Xylit
100 g Sahne

ZUBEREITUNG: 30 MIN.
KÜHLEN: 15 MIN.
BACKEN: 45 MIN.
PRO STÜCK: CA. 230 KCAL, 7 G EW, 18 G F, 1 G KH, 15 G XYLIT

1. Für den Mürbeteig alle Zutaten zügig verkneten (am einfachsten und schnellsten geht das in einem Blitzhacker). Den Teig halbieren und jede Hälfte in Frischhaltefolie gewickelt im Kühlschrank etwa 15 Minuten ruhen lassen, bis die Füllung fertig ist.

2. Für die Füllung die Walnüsse grob hacken. Den Xylit in einem schweren Topf oder einer Pfanne schmelzen, die Nüsse dazugeben und alles etwa 1 Minute unter Rühren köcheln lassen. Mit der Sahne ablöschen und die Masse etwa 5 Minuten einköcheln lassen, bis sie goldbraun ist und beginnt, einzudicken. Vom Herd nehmen und die Masse lauwarm abkühlen lassen.

3. Den Backofen auf 180 °C vorheizen. Die Form mit Backpapier auslegen. Beide Teigportionen jeweils zwischen zwei Lagen Backpapier mit dem Nudelholz rund ausrollen. Einen Teigkreis als Boden in die Form setzen, dabei einen etwa 1 ½ cm hohen Rand hochziehen. Die abgekühlte Nussmasse auf den Boden füllen und glatt streichen.

4. Den zweiten Teigkreis als Deckel darauflegen und rundum sanft andrücken. Mit einer Gabel mehrmals einstechen und im Ofen auf der mittleren Schiene etwa 45 Minuten backen. Herausnehmen und auf einem Kuchengitter vollständig abkühlen lassen, erst dann aus der Form lösen und mit einem scharfen Messer in Stücke schneiden.

Tipp: Sie können den Teig zum Kühlstellen auch gleich in das Backpapier einschlagen. Das mache ich meistens und verwende das Backpapier dann anschließend direkt zum Ausrollen.

ZITRONENKEKSE
mit Macadamianüssen

Diese Lemon Cookies sind einfach perfekt: Macadamianüsse und Mandeln sorgen für den Crunch, die Zitrone bringt den Frischekick. Sauer macht ja bekanntlich lustig, also viel Spaß beim Backen!

Zutaten
für 8 grosse Kekse

Für die Kekse
25 g Macadamianusskerne
25 g blanchierte Mandeln
75 g helles entöltes Mandelmehl
1 Ei (L)
25 g Xylit
75 g kalte Butter (in Würfeln)
20 ml Zitronensaft
2 TL abgeriebene unbehandelte Zitronenschale

Für den Guss
1 TL zerlassenes natives Kokosöl
2 EL Zitronensaft
1 EL Puder-Xylit
1 TL abgeriebene unbehandelte Zitronenschale

Zubereitung: 20 Min.
Kühlen: 30 Min.
Backen: 20 Min.
Ziehen: über Nacht
Pro Stück: ca. 170 kcal,
7 g EW, 13 g F, 1 g KH, 4 g Xylit

1. Für die Kekse am Vortag die Macadamianüsse und Mandeln im Blitzhacker nicht zu fein zerkleinern, es sollten kleine Stückchen bleiben! Mandelmehl, Ei, Xylit und Butter dazugeben und alles zu einem glatten Teig kneten. Zuletzt Zitronensaft und -schale dazugeben und unterkneten. Den Teig in Frischhaltefolie wickeln und im Kühlschrank etwa 30 Minuten ruhen lassen.

2. Den Backofen auf 180 °C vorheizen. Ein Backblech mit Backpapier auslegen. Den Teig zwischen zwei Lagen Backpapier mit dem Nudelholz etwa 8 mm dick ausrollen. Mit einem Teigrädchen (siehe Tipp) oder scharfen Messer 8 Kekse ausschneiden und mit etwas Abstand zueinander auf das Blech setzen.

3. Die Kekse im Ofen auf der mittleren Schiene 15 bis 20 Minuten nicht zu dunkel backen. Herausnehmen und auf einem Kuchengitter abkühlen lassen.

4. Für den Guss das zerlassene Kokosöl mit Zitronensaft und Puder-Xylit verrühren, die Kekse damit bestreichen und mit Zitronenschale bestreuen. Am besten über Nacht im Kühlschrank durchziehen lassen!

Tipp: Schon meine Oma hatte eines, das sie vor allem für selbst gemachte Nudeln verwendet hat. Das Teigrädchen hilft Ihnen aber auch beim Mürbeteig, um schöne gewellte Kanten zu zaubern. Plätzchen lassen sich so schnell ausschneiden und sehen trotz der wenigen Mühe dekorativ aus. Aber auch Shortbread oder würzige Mürbeteige sind damit ganz einfach hübsch in Form geschnitten.

PUDDINGTARTE
mit Streuselteig

Streusel und Pudding – beides absolute Lieblinge seit meiner Kindheit. Kann Kuchen leckerer sein als mit dieser Kombination? Saftiger Boden, cremiger Vanillepudding und zartknusprige Streusel: so einfach und doch so gut!

Zutaten
für 1 kleine Tarteform (ca. 18 cm Durchmesser; 12 Stücke)

Für den Pudding
200 g Sahne
2 Eier (L)
50 g Erythrit Gold
(oder je 25 g Erythrit und Xylit)
½ TL Guarkernmehl
Mark von 1 Vanilleschote

Für die Streusel
40 g helles entöltes Mandelmehl
60 g gemahlene blanchierte Mandeln
50 g kalte Butter (in Würfeln)
50 g Erythrit Gold
1 kleine Prise Salz

Ausserdem
Butter für die Form

Zubereitung: 30 Min.
Kühlen: 45 Min.
Backen: 40 Min.
Pro Stück: ca. 145 kcal, 4 g EW, 13 g F, 1 g KH, 8 g Erythrit

1. Den Backofen auf 160 °C (Umluft) vorheizen. Die Form einfetten. Für den Pudding die Sahne in einem Topf zum Kochen bringen. Die Eier mit dem Erythrit in einer Rührschüssel mit den Quirlen des Handrührgeräts aufschlagen, das Guarkernmehl einrieseln lassen.

2. Sobald die Sahne kocht, vom Herd nehmen. Dann die Eiermischung mit einem Schneebesen unterschlagen und alles unter Rühren nochmals aufkochen. Den Pudding mit der Vanille verfeinern, dann vom Herd nehmen und etwa 45 Minuten abkühlen lassen.

3. Für die Streusel alle Zutaten in einer Schüssel mit den Fingern zerkrümeln. 3 EL Streusel abnehmen und beiseitestellen, den Rest als Boden in die Form drücken. Den Pudding darauf verteilen und mit den beiseitegestellten Streuseln bestreuen.

4. Die Tarte im Ofen auf der mittleren Schiene etwa 40 Minuten backen. Herausnehmen und auf einem Kuchengitter abkühlen lassen.

Tipp: Mürbeteigstreusel bereite ich ebenfalls gern im Blitzhacker zu – denn so verbinden sich alle Zutaten schnell. Falls die Streusel nur als Topping obenauf kommen, stelle ich sie bis zur Verwendung in den Kühlschrank. Ist der Kuchenteig dann in der Form und alles zum Backen bereit, hole ich die Streuselmasse aus dem Kühlschrank und zerkrümele sie mit den Händen auf dem Kuchen.

olles *Himmelsglitzerdings*

OBSTKUCHEN
mit Schmand und Streuselteig

Oben knusprige Streusel für den Crunch, unten buttrige Streusel als Boden und dazwischen eine samtige Schicht aus Vanilleschmand und geröstetem Obst. Dieser Kuchen könnte Ihr neuer Liebling werden!

ZUTATEN
FÜR 1 TARTEFORM (CA. 30 CM DURCHMESSER; 12 STÜCKE)

FÜR DIE STREUSEL
150 g helles teilentöltes Mandelmehl
30 g entöltes Kokosmehl
100 g kalte Butter (in Würfeln)
1 Ei (L)
75 g Xylit

FÜR DEN BELAG
400 g Schmand
1 Ei (L)
1 Pck. zuckerfreies Vanille-Puddingpulver (36 g; z. B. von Natreen)
300 g klein geschnittenes Obst nach Wahl (z. B. Erdbeeren)

AUSSERDEM
Butter für die Form

ZUBEREITUNG: 30 MIN.
BACKEN: 40 MIN.
PRO STÜCK: CA. 215 KCAL, 10 G EW, 16 G F, 4 G KH, 6 G XYLIT

1. Den Backofen auf 180 °C vorheizen. Die Tarteform einfetten oder mit Backpapier auslegen. Die Zutaten für die Streusel zügig vermengen (das geht am schnellsten im Blitzhacker). Zwei Drittel der Streusel als Boden in die Form drücken, den Rest kühl stellen.

2. Für den Belag Schmand, Ei und Puddingpulver verrühren (da dieses bereits gesüßt ist, verzichte ich auf zusätzliche Süße – falls Sie es süßer mögen, können Sie bis zu 50 g Xylit dazugeben). Die Masse auf dem Boden verteilen, dann das Obst daraufgeben und den Rest der Streusel darüber verteilen.

3. Den Kuchen im Ofen auf der mittleren Schiene 30 bis 40 Minuten backen, bis die Streusel knusprig sind und der Kuchen fest ist. Herausnehmen und auf einem Kuchengitter abkühlen lassen.

Tipp: Für den Kuchen verwende ich immer eine Tarteform mit Hebeboden – so lässt sich der Kuchen unkompliziert aus der Form lösen. Bei der Wahl des Obstes richten Sie sich am besten nach der Jahreszeit oder verwenden aufgetaute und gut abgetropfte zuckerfreie Tiefkühlware.

Dulce-de-leche-
KÖRBCHEN

Dulce de leche kennen Sie vielleicht aus dem letzten Portugalurlaub? Normalerweise ist es Zucker pur, aber sooooo gut! Meine zuckerreduzierte Creme ist köstlich und kommt als Mix mit Erdnüssen in die knusprigen Körbchen.

ZUTATEN
FÜR 12 MINI-TARTELETTE-FÖRMCHEN (CA. 6 CM DURCHMESSER)

FÜR DIE DULCE DE LECHE
20 g Xylit
400 ml ungezuckerte Kondensmilch (siehe Tipp)

FÜR DIE TÖRTCHEN
100 g helles teilentöltes Mandelmehl
80 g sehr kalte Butter (in Würfeln)
1 Ei (L)
40 g Erythrit Gold
12 TL gesalzene Erdnusskerne
weiche Butter für die Förmchen

ZUBEREITUNG: 20 MIN.
GAREN: 40 MIN.
KÜHLEN: 50 MIN.
BACKEN: 20 MIN.
PRO STÜCK: CA. 150 KCAL, 5 G EW, 12 G F, 4 G KH, 3 G ERYTHRIT, 2 G XYLIT

1. Für die Dulce de leche den Xylit in einem schweren Topf schmelzen. Die Kondensmilch dazugeben und alles bei schwacher Hitze 30 bis 40 Minuten köcheln lassen, bis eine cremige goldene Masse entstanden ist. Dabei gegen Ende der Garzeit, wenn die Flüssigkeit fast vollständig eingekocht ist, ständig rühren und aufpassen, dass nichts anbrennt. Die Creme vom Herd nehmen und abkühlen lassen (ergibt ca. 150 g Dulce de leche).

2. Für die Törtchen alle Zutaten – bis auf die Erdnüsse – zügig zu einem glatten Teig verkneten. (Mein Geheimtipp ist der Blitzhacker, das geht in Sekunden!) Zu einer Rolle formen, in Frischhaltefolie wickeln und im Kühlschrank etwa 20 Minuten ruhen lassen.

3. Die Förmchen einfetten. Die Teigrolle in 12 Scheiben schneiden, so werden die Törtchen gleich groß. Jede Scheibe zu einer Kugel formen und diese in ein Förmchen drücken, dabei einen kleinen Rand hochziehen. In jedes Förmchen etwa 1 TL Dulce-de-leche-Creme geben und mit 1 TL Erdnüssen füllen. Danach nochmals etwa 30 Minuten kühl stellen.

4. Inzwischen den Backofen auf 180 °C vorheizen. Die Törtchen im Ofen auf der zweiten Schiene von unten etwa 20 Minuten backen. Aus dem Ofen nehmen und auf einem Kuchengitter abkühlen lassen. Kühl lagern!

Tipps: Falls etwas von der Dulce-de-leche-Creme übrig bleibt, am besten in einem sauberen Glas gut verschlossen im Kühlschrank aufbewahren. Sie schmeckt als Brotaufstrich, in Joghurt- oder Quarkspeisen oder im Soulfood-Smoothie mit Mandeldrink und Vanille!

Achten Sie bei der Kondensmilch immer darauf, dass sie ungezuckert ist – so liefert sie deutlich weniger Kohlenhydrate.

Merry Christmas!

ALLE JAHRE WIEDER

Der Advent ist zum Genießen da, für Familie & Freunde, Kaminfeuer & Leckereien! Ich habe zuckerfreie Köstlichkeiten zusammengestellt: Schoko-Cookies, Christmas Spice Girls, knackige Baisers mit gewürzten Nüssen und aromatischen Weihnachtszucker für Ihren Tee! Dazu passen auch die schnellen Ganache-Trüffel von Seite 110.

SCHOKO-COOKIES

ZUTATEN
FÜR 12 GROSSE COOKIES

100 g weiche Butter
30 g Xylit, 50 g brauner Xylit
50 g helles entöltes Mandelmehl
30 g entöltes Kokosmehl
45 g Back- oder Rohkakaopulver
10 g Weinsteinbackpulver
30 g Zartbitterschokolade
(mind. 90 % Kakaogehalt;
oder Low-Carb-Schokolade)

ZUBEREITUNG: 15 MIN.
KÜHLEN: 20 MIN.
BACKEN: 15 MIN.
PRO STÜCK: CA. 90 KCAL,
5 G EW, 4 G F, 3 G KH, 9 G XYLIT

1. Den Backofen auf 175 °C vorheizen. Ein Backblech mit Backpapier auslegen.

2. Alle Zutaten zügig zu einem homogenen Mürbeteig verkneten. Zu einer Kugel formen, in Frischhaltefolie wickeln und im Kühlschrank etwa 20 Minuten ruhen lassen.

3. Aus dem Teig 12 Portionen abnehmen und jede Teigportion mit den Händen zu einer Kugel drehen, mit etwas Abstand zueinander auf das Backblech legen und jeweils mit einem Glas flach drücken.

4. Die Cookies im Ofen auf der mittleren Schiene etwa 15 Minuten backen, je nach Stärke kann es etwas länger dauern. Die Kekse sollen außen knusprig und innen noch weich sein. Anschließend aus dem Ofen nehmen und vollständig abkühlen lassen.

SCHNEEBÄLLE (BAISERS)

ZUTATEN
FÜR 10 STÜCK

FÜR DEN CRUNCH
50 g Paranusskerne
40 g brauner Xylit
je ½ TL Zimtpulver und
Stollengewürz

FÜR DIE BAISERS
4 Eiweiß (L)
Salz
200 g Xylit

ZUBEREITUNG: 30 MIN.
TROCKNEN/BACKEN: 8 STD.
PRO STÜCK: CA. 100 KCAL,
2 G EW, 3 G F, 1 G KH, 24 G XYLIT

1. Für den Crunch die Nüsse grob hacken und in einer Pfanne ohne Fett anrösten, herausnehmen und abkühlen lassen. In der heißen Pfanne den Xylit mit 2 EL Wasser auflösen und etwa 2 Minuten einkochen lassen. Nüsse wieder dazugeben und mit den Gewürzen gut mischen. Die Masse auf Backpapier vollständig abkühlen lassen. Die kalte Masse in Stücke brechen und im Blitzhacker zerkleinern.

2. Für die Baisers den Backofen auf 60 °C vorheizen. Ein Backblech mit Backpapier auslegen. Die Eiweiße mit den Quirlen der Küchenmaschine aufschlagen. Sobald das Eiweiß anfängt, fest und weiß zu werden, 1 Prise Salz und löffelweise den Xylit dazugeben. Mindestens 10 Minuten weiterschlagen, bis sich der Xylit vollständig gelöst hat.

3. Aus der Baisermasse mit zwei Esslöffeln große etwas abgeflachte Schneebälle formen und nebeneinander auf das Blech setzen. Mit dem Nuss-Crunch bestäuben und im Ofen auf der mittleren Schiene etwa 8 Stunden trocknen. Die Baisers sollten dann außen kross und innen noch soft sein. Herausnehmen und verschlossen aufbewahren.

CHRISTMAS SPICE GIRLS (GEWÜRZ-CUPCAKES)

Zutaten
für 12 Cupcakes

100 g weiche Butter
50 g Xylit, 4 Eier (L)
50 g helles teilentöltes Mandelmehl
30 g entöltes Kokosmehl
50 g Back- oder Rohkakaopulver
½ Pck. Weinsteinbackpulver
50 g Weihnachtszucker (siehe unten)
1 TL Spekulatiusgewürz
12 beschichtete Muffinpapierbackförmchen

Zubereitung: 15 Min.
Backen: 20 Min.
Pro Stück: ca. 145 kcal, 6 g EW, 10 g F, 2 g KH, 10 g Xylit

1. Den Backofen auf 180 °C vorheizen. Die Papierförmchen auf einem Backblech verteilen. (Sie können die Küchlein auch in einem Muffinblech backen – dann die Mulden einfetten.)

2. Butter und Xylit in einer Rührschüssel mit den Quirlen des Handrührgeräts etwa 5 Minuten schaumig schlagen. Eier einzeln dazugeben, dabei weiterrühren. Mehle, Kakao und Backpulver mischen und löffelweise hinzufügen. Zuletzt den Weihnachtszucker und das Spekulatiusgewürz einrühren.

3. Den Teig in die Förmchen verteilen (am besten mit einem Eisportionierer). Die Förmchen leicht auf die Arbeitsfläche klopfen, damit der Teig sich gut verteilt. Im Ofen auf der mittleren Schiene etwa 20 Minuten backen. Herausnehmen und vollständig abkühlen lassen.

Tipp: *Dazu passt mit 1 TL Zimtpulver aufgeschlagene Sahne, aber ein Hauch Kakaopulver oder aromatisierter Puder-Xylit reicht ebenso! Die Masse können Sie auch als Kuchen in einer kleinen Springform (20 cm Durchmesser) backen. Die Backzeit verlängert sich dann um mindestens 5 Minuten (Stäbchenprobe machen, siehe Seite 32).*

WEIHNACHTSZUCKER

Zutaten
für ca. 150 g

200 g brauner Erythrit Gold
10 g geschälter Ingwer (in Scheiben)
2 Zacken Sternanis
10 Nelken, 1 Zimtstange
Schalenstreifen von 1 unbehandelten Orange
2 Kardamomkapseln

Zubereitung: 35 Min.
Ziehen: 12 Std. (über Nacht)
Pro 50 g: ca. 160 kcal, 0 g EW, 0 g F, 0 g KH, 66 g Erythrit

1. Am Vortag Erythrit und 100 ml Wasser in einen Topf geben, aufkochen und die Gewürze hinzufügen. Alles offen etwa 30 Minuten auf gut die Hälfte einköcheln lassen – dabei aufpassen, dass nichts anbrennt, lieber bei schwacher Hitze köcheln lassen. Dann vom Herd nehmen und zugedeckt mindestens 12 Stunden durchziehen lassen.

2. Am nächsten Tag alles nochmals aufkochen und durch ein Sieb in ein sauberes Glas mit großer Öffnung füllen, die ganzen Gewürze entfernen. Die Masse abkühlen und fest werden lassen, danach gut verschlossen im Kühlschrank aufbewahren.

3. Sobald die Masse fest ist, kann man mit einem Löffel den Weihnachtszucker abschaben. Die Konsistenz ähnelt der von grobem braunen Zucker. Der Weihnachtszucker passt wunderbar als süßes Extra in weihnachtliches Gebäck und Schokokuchen oder auch als Aromanote in Schwarztee mit einem Schuss Sahne.

No-Bakes &
CHEESECAKES

Gibt es den einen Kuchen, der mir als Bloggerin den Durchbruch verschafft hat? Ja! Der Cheesecake. Ich liebe ihn in allen Varianten und meine Leser auch – probieren Sie sich durch und werden Sie Teil des Cheesecake-Fanclubs! Mit gegrilltem Obst, weißer Schokolade oder als Minis zum Naschen. Und falls Sie keine Lust auf Backen haben, gibt es Avocado-Lime-Cheesecakes aus dem Kühlschrank, Granatsplitter als köstliche Resteverwertung oder Pfefferminztrüffel!

Step by step

CHEESECAKE-MUFFINS

Simpel, schnell, superlecker und so variabel: meine Cheesecake-Muffins! Bei uns sind die Kleinen der Renner – je nach Topping und Gewürz schmecken die süßen Snacks zum Kaffee immer wieder anders!

ZUTATEN
FÜR 6 STÜCK

½ Vanilleschote
(ersatzweise 1 TL Vanillepaste oder -essenz)
150 g Frischkäse (Doppelrahmstufe; oder selbst gemacht, siehe Seite 102)
100 g griech. Joghurt (10 % Fett) oder Speisequark (40 % Fett)
50 g Schmand
1 Ei (L)
1 Pck. zuckerfreies Puddingpulver (36 g; z. B. von Natreen) oder dieselbe Menge Proteinpulver (neutral oder Vanille)
evtl. Butter für das Blech oder 6 Muffinpapier-backförmchen

ZUBEREITUNG: 25 MIN.
BACKEN: 25 MIN.
PRO STÜCK: CA. 140 KCAL,
5 G EW, 12 G F, 2 G KH, 0 G XYLIT

Den Backofen auf 180 °C vorheizen. Die Förmchen bereitstellen, am besten eignet sich hochwertiges Silikon. Alternativ ein Muffinblech verwenden, die Mulden mit weicher Butter einfetten oder mit Papierbackförmchen auslegen. Die Vanilleschote längs aufschlitzen und das Mark herauskratzen (die leere Schote weiterverwenden). Wer will, macht den Frischkäse selbst – auf Seite 102 zeige ich Ihnen, wie das geht.

Den Frischkäse mit dem Joghurt oder Quark und dem Schmand in eine Rührschüssel geben. Alles mit den Quirlen des Handrührgeräts oder mit einem Schneebesen von Hand kurz aufschlagen. Das Ei dazugeben und gut unterrühren, jetzt allerdings nicht mehr zu lange schlagen.

Zuletzt das Pudding- oder Proteinpulver und das Vanillemark hinzufügen und alles nochmals zu einer klümpchenfreien Masse rühren. Die Masse am besten mit einem Eisportionierer in die Förmchen verteilen (es funktioniert aber auch mit einem Esslöffel).

Die Muffins im Ofen auf der mittleren Schiene etwa 25 Minuten backen. Aus dem Ofen nehmen und auf einem Kuchengitter abkühlen lassen. Es ist normal, dass sie nach dem Backen etwas zusammenfallen. Wer will, bestreut die Muffins vor dem Backen noch mit Beeren oder Low-Carb-Streuseln (siehe Seite 82). Sie machen sich aber auch mit je 1 Kirsche und Minzeblatt gut – diese nach dem Backen daraufsetzen.

TIPP:

Haben Sie eine der Zutaten wie Frischkäse, Schmand oder Joghurt nicht zur Hand? Nicht so schlimm, Hauptsache, die Menge ergibt insgesamt 300 g. Nehmen Sie also ruhig von dem einen mehr oder weniger oder nur ein Milchprodukt – so schmecken die Cheesecakes jedes Mal etwas anders!

CHEESECAKE
Pannenhilfe & Wissenswertes

Was ist leckerer als ein samtiger, zarter feiner Käsekuchen? Da ich Ihnen hier ein dickes Buch voller Kuchen- und Tortenrezepte präsentiere, muss ich sagen: Es gibt Leckereien, die mich total begeistern, aber der Cheesecake ist mein unangefochtener Favorit.

STÄRKE, PUDDING, EIWEISS

Zum Binden der Käsemasse nimmt man klassisch Puddingpulver, reine Speisestärke oder in der Low-Carb-Küche auch Proteinpulver. Speisestärke und konventionelles Puddingpulver enthalten Kohlenhydrate, die Gesamtmenge passt dann zwar immer noch zu Low Carb. Falls Sie aber sehr streng sind, ist ein neutrales Proteinpulver die beste Wahl. Ich verwende gerne zuckerfreies Puddingpulver, das ist mit Süßstoffen gesüßt und schmeckt meiner Familie in Cheesecakes am besten! Neu auf dem Markt ist ein Mehl aus der Konjakwurzel – es enthält fast keine Kohlenhydrate, hat aber eine unheimliche Bindekraft (davon bitte immer nur kleine Mengen nehmen!).

SO WIRD ER PERFEKT

Meine Cheesecakes sind nicht hoch – wollen Sie aber höher hinaus und nehmen die doppelte Menge (oder eine kleinere Form), dann hier noch ein paar wertvolle Tipps für ein perfektes Ergebnis: 1) Den Rand der Form gut einfetten, dann gleitet der Teig beim Backen sanft hoch und reißt nicht ein. 2) 10 Minuten vor Ende der Backzeit den Ofen ausschalten und den Kuchen im ausgeschalteten Ofen fertig backen. 3) Direkt nachdem Sie den Kuchen aus dem Ofen geholt haben, den Rand vorsichtig von der Form lösen.

MIT ODER OHNE BODEN?

Cheesecakes können Sie ganz einfach ohne Boden backen: Dazu die Form mit Backpapier auslegen, die Käsemasse einfüllen und backen. Als Boden eignet sich Mürbeteig sehr gut, am besten kurz „blind“ vorbacken (siehe Seite 68). So vermeiden Sie, dass der Boden matschig wird. (Übrig gebliebene) Low-Carb-Kekse können Sie mit Butter zu einem Krümelteig verarbeiten, der nur in die Form gedrückt werden muss, bevor die Käsemasse daraufkommt und der Kuchen gebacken wird. Oder Sie bereiten einen Cheesecake ohne Backen zu: Statt Eier und Pudding- oder Proteinpulver kommt Gelatine oder eine vegane Alternative (Agar-Agar – hier die Packungsanweisung beachten!) als Bindemittel zum Einsatz! Zum Beispiel bei den Lime Cheesecakes (siehe Seite 112).

FALLS ER ZU STARK BRÄUNT

Auch hier heißt es: Backpapier auflegen! Falten Sie dazu am besten eine Haube aus Backpapier, damit das Papier nicht direkt auf dem Kuchen liegt und so die Oberfläche zerstören könnte.

WELCHER KÄSE?

Verwenden Sie fettarme Sorten wie Magerquark, -joghurt und Frischkäse light sowie alle Fettstufen der genannten drei Produkte – außerdem Skyr, Schmand, Crème fraîche/double und saure Sahne. Sie können die Milchprodukte auch mischen, Cheesecake ist ein dankbarer Resteverwerter! Dünnflüssige Zutaten mischen Sie mit festeren – so erhält die Masse stets eine gute Konsistenz. Wunderbar eignen sich auch Ricotta und Mascarpone, Letzterer vor allem für cremigen Cheesecake. Oder Sie bleiben klassisch bei Doppelrahmfrischkäse – wer will, macht ihn selbst (siehe Seite 102)! Wenn Sie bei meinen Rezepten Zutaten austauschen möchten, sollten Sie unbedingt das Verhältnis von Milchprodukten zu Eiern und Bindemittel einhalten. Beispiel: Nehme ich 300 g Frischkäse, sollte Ihr Milchprodukte-Mix auch 300 g betragen, damit der Kuchen weder davonfließt noch bretthart wird.

CHEESECAKE
mit weißer Schokolade

Was ist besser als ein Cheesecake? Ein Cheesecake mit Schokolade! Diesmal habe ich die feine Variante mit weißer Schokolade gewählt, Sie dürfen aber auch mit Zartbitterschokolade experimentieren!

Zutaten
für 1 Springform (ca. 22 cm Durchmesser; 12 Stücke)

Für den Boden
200 g helles teilentöltes Mandelmehl
150 g kalte Butter (in Würfeln)
75 g Xylit
1 Ei (L), 1 TL Vanillepaste
getrocknete Hülsenfrüchte zum Blindbacken

Für die Füllung
50 g weiße Low-Carb-Schoko-Drops
300 g Speisequark (40 % Fett oder Rahmtopfen)
50 g Frischkäse (Doppelrahmstufe; oder selbst gemacht, siehe Seite 102)
20 g Speisestärke
4 EL Sahne, 2 Eier (L)

Zubereitung: 25 Min.
Kühlen: 30 Min.
Backen: 40 Min.
Pro Stück: ca. 270 kcal, 14 g EW, 20 g F, 4 g KH, 8 g Xylit

1. Für den Boden Mehl, Butter, Xylit (nach Belieben auch 100 g) und Ei zügig zu einem Teig verkneten. Vanillepaste und 4 EL kaltes Wasser hinzufügen und weiterkneten, bis der Teig nicht mehr klebt. Den Teig in Frischhaltefolie wickeln und im Kühlschrank etwa 30 Minuten ruhen lassen.

2. Den Backofen auf 170 °C vorheizen. Die Form mit Backpapier auslegen. Den Teig zwischen zwei Lagen Backpapier mit dem Nudelholz rund ausrollen. Die Form mit dem Teig auskleiden, mit Backpapier abdecken und mit Hülsenfrüchten füllen. Den Boden im Ofen auf der mittleren Schiene etwa 20 Minuten blind backen. Herausnehmen und abkühlen lassen. Die Ofentemperatur auf 180 °C (Umluft) erhöhen.

3. Für die Füllung die Schoko-Drops in einer Edelstahlschüssel über dem heißen Wasserbad schmelzen, dann leicht abkühlen lassen. Die übrigen Zutaten mischen. (Wer will, gibt noch etwas Xylit dazu, die Schoko-Drops sind aber sehr süß!) Die Schokolade unterheben.

4. Die Füllung auf den vorgebackenen Boden in die Form füllen und glatt streichen. Den Cheesecake im Ofen bei 180 °C (Umluft) noch etwa 20 Minuten backen. (Er darf nicht zu fest werden, wir wollen ihn zart und cremig!) Den Kuchen aus dem Ofen nehmen, auf einem Kuchengitter abkühlen lassen und nach Belieben garnieren.

Tipp: Ob Sie Kakao, geschmolzene Schokolade oder Schoko-Drops zur Cheesecake-Masse hinzufügen – das Grundrezept wird jedes Mal neu. Eine Art Marmor- oder Swirl-Effekt entsteht, wenn Sie einen Teil der Masse einfärben: mit Kakao, Fruchtpüree oder Matchateepulver. Erst die Grundmasse in die Form geben, die gefärbte Masse daraufklecksen und mit einer Gabel wie beim Marmorkuchen grob durch beide Massen ziehen. Cheesecake liebt aber auch Streusel und alle Arten von Obst und Beeren on top – meine Favoriten sind Bratäpfel und Erdbeeren!

CHEESECAKE
mit gegrilltem Obst

Der Bratapfel-Cheesecake war auf meinem Blog der HIT! Logisch also, dass ich Ihnen eine Variante zeigen muss, diesmal mit gegrilltem Obst! Der Duft ist unwiderstehlich und die Optik wird Ihre Gäste begeistern.

ZUTATEN
FÜR 1 LÄNGLICHE TARTEFORM (CA. 35 CM LÄNGE; 12 STÜCKE)

300 g klein geschnittenes Obst nach Wahl (z. B. ein Mix aus Aprikosen, Pfirsichen, Pflaumen)
250 g Frischkäse (Doppelrahmstufe; oder selbst gemacht, siehe Seite 102)
100 g Schmand
2 Eier (L)
50 g Dulce de leche (siehe Seite 84 und Tipp)
3 EL Sahne
30 g Proteinpulver (neutral oder Vanille), zuckerfreies Puddingpulver (z. B. von Natreen) oder Speisestärke

ZUBEREITUNG: 25 MIN.
BACKEN: 45 MIN.
KÜHLEN: 10 MIN.
PRO STÜCK: CA. 175 KCAL,
2 G EW, 9 G F, 3 G KH, 3 G XYLIT

1. Den Backofengrill auf 200 °C vorheizen. Ein Backblech mit Backpapier auslegen und den Obst-Mix darauf verteilen. Im Ofen auf der mittleren Schiene 10 bis 15 Minuten grillen, sodass das Obst Farbe annimmt. Herausnehmen und abkühlen lassen. Die Ofentemperatur auf 180 °C (Umluft) reduzieren. Die Form mit Backpapier auslegen oder mit Butter einfetten.

2. Frischkäse, Schmand und Eier in einer Rührschüssel mit den Quirlen des Handrührgeräts verrühren (Achtung: nicht zu sehr schlagen, manchmal wird der Frischkäse dann wässrig!). Die Dulce de leche und die Sahne hinzufügen und unterrühren.

3. Zuletzt Proteinpulver, Puddingpulver oder Stärke dazugeben und untermischen. Die Cheesecake-Masse in die Form füllen und glatt streichen. Im Ofen auf der mittleren Schiene 25 bis 30 Minuten backen. Der Cheesecake ist fertig, wenn er sich noch leicht bewegt, sobald man die Form sanft rüttelt.

4. Den Cheesecake aus dem Ofen nehmen und auf einem Kuchengitter etwa 10 Minuten abkühlen lassen. Dann das gegrillte Obst gleichmäßig darauf verteilen. Nach Belieben mit Pistazien bestreuen.

Tipp: Die Süße kommt zu einem Teil aus der Dulce de leche – wie man sie herstellt, zeige ich auf Seite 84. Falls Sie keine im Haus haben, können Sie stattdessen auch 50 g Xylit oder Erythrit oder die gleiche Menge geschmolzene weiße Low-Carb-Schokolade unter die Käsemasse rühren.

FRISCHKÄSE
selbst machen

Obwohl ich sehr darauf achte, was wir als Familie essen und was in den Lebensmitteln steckt, war es erst ein Fernsehbericht, der mich über Frischkäse aufklärte. Ich hatte keine Ahnung, dass oft Gelatine zugesetzt ist. Daher mache ich ihn jetzt gleich selbst, denn das ist kinderleicht!

ZUTATEN
FÜR CA. 400 G

500 g Naturjoghurt (3,8 % Fett; am besten in Bio-Qualität)
200 g Sahne

AUSSERDEM
1 Sieb
1 sauberes Mulltuch oder Küchentuch
1 Schüssel

ZUBEREITUNG: 5 MIN.
ABTROPFEN: 12 STD. (ÜBER NACHT)
PRO 100 G: CA. 255 KCAL, 8 G EW, 21 G F, 9 G KH, 0 G XYLIT

1. Am Vorabend den Joghurt mit der Sahne in einer Rührschüssel mit einem Schneebesen gründlich verrühren.

2. Das Sieb mit dem Mull- oder Küchentuch auslegen und in eine passende Schüssel setzen. Die Joghurt-Sahne-Mischung in das Sieb füllen, dabei weder drücken noch auspressen – einfach einfüllen und sonst nichts!

3. Das Ganze mindestens 12 Stunden, am besten über Nacht, bei Zimmertemperatur stehen lassen, sodass die Molke gut abtropfen kann. Am nächsten Tag den Frischkäse in eine saubere Dose füllen und luftdicht im Kühlschrank lagern.

Tipp: *Die Molke enthält den meisten Milchzucker, die Laktose, sowie einen Teil der Mineralstoffe und Vitamine. Zurück im Frischkäse bleiben vor allem Eiweiß und Fett. Sie können die Molke noch weiterverwenden – man kann sie zum Beispiel trinken oder als Badezusatz nutzen.*

MEDITERRANE FRISCHKÄSE-CREME

Für 2 Personen: 100 g selbst gemachten Frischkäse mit **100 g Thunfisch** (im eigenen Saft, abgetropft) und **30 g roten Zwiebelwürfeln** im Blitzhacker oder in einem hohen Rührbecher mit dem Stabmixer fein pürieren. **20 g rote Zwiebel** fein hacken, **50 g Thunfisch** zerdrücken und beides unter die Creme rühren. Mit **Salz und Pfeffer** abschmecken. Die Creme lässt sich auch variieren – zum Beispiel mit Oliven, getrockneten Tomaten, Frühlingszwiebelringen, Knoblauchwürfeln oder gehackter Chilischote.

FRÜHLINGS-FRISCHKÄSE-CREME

Für 4 Personen: 1 Bund Radieschen putzen, waschen und in Stifte schneiden. **1 Bund Frühlingszwiebeln** putzen, waschen und in feine Ringe schneiden. **300 g selbst gemachten Frischkäse** mit einem Schneebesen aufschlagen, die Radieschen und die Frühlingszwiebeln unterheben. Mit **Salz und Pfeffer** kräftig würzen, nach Belieben mit Schnittlauchröllchen, Paprikapulver, Sprossen oder Rettich abwandeln. Sollte der Frischkäse zu fest sein, mit etwas Milch oder Sahne verdünnen. Da das Gemüse aber auch Wasser enthält, reicht es eventuell, ihn kurz ziehen zu lassen.

SCHOKO-KIRSCH-CREME

Für 1 Person: 50 g ungesüßte TK-Kirschen mit **50 ml Wasser** aufkochen, mit **1 TL Vanille-Xylit** sirupartig einkochen. (Falls Sie es süßer mögen, einfach nachsüßen!) Vom Herd nehmen und abkühlen lassen. **1 EL Walnusskerne** in einer Pfanne ohne Fett hell rösten, herausnehmen, abkühlen lassen und grob hacken. **150 g Frischkäse** mit **1 EL Kakaopulver** und **Süße nach Wunsch** aufschlagen. Falls die Creme zu fest ist, noch **1 bis 2 EL Milch** untermixen. Creme und Kirschen anrichten, mit Nüssen bestreuen.

GRANATSPLITTER
(Biskuitverwertung)

Granatsplitter sind eine wunderbare Art, um Kuchenreste zu verwerten. Außerdem ideal für Back-Anfänger, falls der anspruchsvolle Biskuit nicht perfekt gelingt. Oder einfach mal zwei Biskuitböden backen und doppelt genießen!

Zutaten für 10 Stück

Für den Biskuit
1 Biskuitboden (siehe Seite 38 und Tipp)

Für die Creme
100 g Mascarpone
1 EL Milch oder Sahne
1 EL Puder-Xylit
50 g Beeren nach Wunsch (z. B. Himbeeren – einige für die Deko beiseitestellen!)

Für die Glasur
50 g weiße Low-Carb-Schokolade
1 TL natives Kokosöl

Zubereitung: 30 Min.
Kühlen: 15 Std. (über Nacht)
Pro Stück: ca. 135 kcal, 6 g EW, 10 g F, 1 g KH, 8 g Xylit

1. Für den Biskuit wie auf Seite 38 beschrieben einen Boden backen und vollständig abkühlen lassen, dann aus der Form nehmen und nochmals 2 Stunden oder über Nacht trocknen lassen. Alternativ übrig gebliebene Biskuit- oder Kuchenreste verwenden.

2. Für die Creme alle Zutaten mit den Quirlen des Handrührgeräts oder mit einem Schneebesen so lange aufschlagen, bis eine feste Masse entstanden ist. Den trockenen und abgekühlten Biskuit grob zerkrümeln und mit der Creme mischen.

3. Aus der Masse mit einem Eisportionierer Halbkugeln formen und nebeneinander auf eine Platte setzen. Im Kühlschrank mindestens 12 Stunden, am besten über Nacht, fest werden lassen.

4. Am nächsten Tag für die Glasur die Schokolade mit dem Kokosöl in einer Edelstahlschüssel über dem heißen Wasserbad unter Rühren schmelzen und die Granatsplitter damit glasieren. Mit den beiseitegestellten Beeren garnieren. Im Kühlschrank mindestens 1 Stunde fest werden lassen.

Tipp: Für die Granatsplitter eignet sich nicht nur ein Biskuit, Sie können genauso Rührteigkuchen oder Schokokuchen nehmen. Mit einer Creme Ihrer Wahl können Sie auf diese Weise aus Kuchenresten immer wieder neue Granatsplitter-Varianten zaubern.

JELLY BITES
mit Peanut Butter

Erdnussfans kennen sie alle – die kleinen runden Leckereien aus den USA, normalerweise voller Zucker und eine echte High-Carb-Sünde … Ich habe sie entschärft und mit zuckerfreiem Gelee für Sie aufgepeppt!

Zutaten
für 10 Stück à 20 g (oder 20 Stück à 10 g, je nach verwendeter Form)

75 g Zartbitterschokolade (90 % Kakaoanteil; oder Low-Carb-Schokolade)
5 TL feine Erdnussbutter (ohne Stücke)
5 TL Low-Carb-Gelee oder -Konfitüre nach Wahl (z. B. Kirsche oder Waldfrucht; siehe Tipp)
75 g weiße Low-Carb-Schokolade
1 EL geröstete Erdnusskerne

Zubereitung: 20 Min.
Kühlen: 20 Min. und über Nacht
Pro Stück (bei 10): ca. 125 kcal, 3 g EW, 11 g F, 3 g KH, 6 g Xylit

1. Die Zartbitterschokolade grob hacken und in einer Edelstahlschüssel über dem heißen Wasserbad unter Rühren schmelzen. Dann auf die Förmchen verteilen und etwa 10 Minuten ins Tiefkühlfach stellen.

2. Anschließend mit je ½ bzw. ¼ TL Erdnussbutter und Low-Carb-Gelee oder -Konfitüre bestreichen und erneut 10 Minuten tiefkühlen.

3. Währenddessen die weiße Schokolade in einer Edelstahlschüssel über dem heißen Wasserbad unter Rühren schmelzen und leicht abkühlen lassen. Die Erdnüsse grob hacken.

4. Alles mit der weißen Schokolade bedecken und mit den Erdnüssen bestreuen. Die Jelly Bites so lange tiefkühlen, bis alles fest ist – am besten über Nacht. Dann im Kühlschrank aufbewahren.

Tipp: Sie wollen eine Low-Carb-Konfitüre selbst machen? Hier ein ganz simples Rezept: Etwa 1 kg Früchte nach Wahl (geputzt bzw. gewaschen) entweder mit wenig Wasser und etwa 100 g braunem Xylit einkochen. Alternativ wie bei der „Baked Marmelade“ auf meinem Blog im Backofen eindicken lassen. Würzen Sie mit Zimt, Vanille, Tonkabohne, Zitronenschale und -saft oder auch mit Rosmarin oder Ingwer – ganz nach Belieben!

JELLY BITES
mit Himbeeren

Wenn ich eine Schwäche für etwas Süßes habe, dann sind es Gummibärchen … weniger Bonbons, Pralinen oder Schokolade! Diese kleinen „Bissen“ sind auf Basis von Kokos hergestellt und schmecken – je nach Obst – jedes Mal anders.

ZUTATEN
FÜR 36 STÜCK

6 Blatt weiße Gelatine
50 g Himbeeren
400 ml cremige Kokosmilch (aus der Dose)
Süße nach Bedarf (ich mache sie ungesüßt)
1 Spritzer Zitronensaft
20 g Kokos-Chips

ZUBEREITUNG: 15 MIN.
KÜHLEN: 12 STD. (ÜBER NACHT)
PRO STÜCK: CA. 25 KCAL,
0 G EW, 2 G F, 0 G KH, 0 G XYLIT

1. Die Gelatine in kaltem Wasser einweichen. Die Himbeeren verlesen, waschen und trocken tupfen. Eine Auflaufform mit Frischhaltefolie auslegen.

2. Die Kokosmilch in einem kleinen Topf aufkochen und nach Belieben süßen. Dann vom Herd nehmen, die Gelatine ausdrücken und in der heißen Kokosmilch unter Rühren auflösen. Zuletzt die Masse mit dem Zitronensaft verfeinern.

3. Anschließend die Masse gleichmäßig in der Form verteilen und die Himbeeren daraufsetzen. Alles mit den Kokos-Chips bestreuen und im Kühlschrank mindestens 12 Stunden, am besten über Nacht, fest werden lassen.

4. Am nächsten Tag die Platte mithilfe der Folie aus der Form nehmen und in Würfel schneiden.

Tipp: Als Form eignet sich auch sehr gut eine Backform für 12 Riegel. Alternativ können Sie die Jelly Bites statt mit Kokos-Chips mit Low-Carb-Schokostreuseln bestreuen. Und es passen auch andere Beeren oder eine Beerenmischung – größere Exemplare am besten klein schneiden.

AFTER-SEVEN-TRÜFFEL

mit Minz-Ganache

Diese Trüffel sind so göttlich, da warten wir gar nicht bis „nach acht". Sie sind schnell gemacht und eine wahre Gaumenfreude für alle, die es pfefferminzig frisch lieben!

Zutaten
für 20 Stück

1 Pck. tic tac® fresh mint (18 g)
100 g Zartbitterschokolade (90 % Kakaoanteil; oder Low-Carb-Schokolade)
50 g Sahne
10 g Back- oder Rohkakaopulver und 5 g zum Wälzen

Zubereitung: 20 Min.
Kühlen: 20 Min. und über Nacht
Pro Stück: ca. 50 kcal, 1 g EW, 4 g F, 2 g KH, 1 g Xylit

1. Die Tic Tac® im Blitzhacker fein pulverisieren (siehe Tipp). Die Schokolade grob hacken und mit der Sahne in einem kleinen Topf langsam schmelzen, vom Herd nehmen und abkühlen lassen.

2. Das Tic-Tac®-Pulver und den Kakao zur Schokosahne hinzufügen und alles zu einer homogenen Masse verkneten. Die Ganache etwa 20 Minuten in den Kühlschrank stellen.

3. Die Ganache aus dem Kühlschrank nehmen und daraus 20 Trüffel rollen. Sie müssen nicht ganz exakt gleichmäßig sein! Sofort im Kakaopulver wälzen und nebeneinander auf einen Teller setzen. Am besten über Nacht ziehen lassen, damit sich der minzige Geschmack entfalten kann. Danach im Kühlschrank aufbewahren.

Tipp: Diese Basis-Ganache aus 1 Teil Sahne und 2 Teilen Schokolade (z. B. 50 g Sahne und 100 g Zartbitterschokolade) ist perfekt für all die Schoko-Junkies! Man kann sie nicht nur als Topping für Torten und Törtchen verwenden, sondern auch als Füllung für Torten nehmen oder sogar pur und eisgekühlt aus dem Kühlschrank als kleines feines Dessert genießen – ich habe hier feine Pfefferminzpralinen aus der Ganache gemacht. Übrigens: Falls Sie keinen Blitzhacker haben, können Sie das Pulver auch in einem Mörser von Hand zubereiten. Dafür die Tic Tac® vorher am besten grob hacken, dann fein zermahlen.

After Seven
Trüffel

LIME-CHEESECAKES

mit Avocado aus dem Glas

Ein schnelles No-Bake-Cheesecake-Rezept, das sich auch perfekt auf dem Dessertbuffet bei Partys macht! Die Masse ist in wenigen Minuten fertig und muss nur noch kühlen, da sie ganz ohne Boden auskommt.

Zutaten
für 6 Gläschen
(à ca. 150 ml Inhalt)

1 Avocado
100 g Sahne
200 g Frischkäse (Doppelrahmstufe; oder selbst gemacht, siehe Seite 102)
50 g Schmand
30 g Xylit
abgeriebene Schale und Saft von 1 unbehandelten Limette
2 Pck. Instant-Gelatinepulver (30 g; ersatzweise Agar-Agar – Packungsanweisung beachten!)

Zubereitung: 10 Min.
Kühlen: 1 Std.
Pro Stück: ca. 250 kcal,
9 g EW, 21 g F, 3 g KH, 5 g Xylit

1. Die Avocado halbieren und den Stein entfernen, das Fruchtfleisch aus der Schale lösen und 140 g Fruchtfleisch abwiegen (Rest anderweitig verwenden). Das Avocadofruchtfleisch mit 60 g Sahne in einem hohen Rührbecher mit dem Stabmixer fein pürieren (alternativ im Blitzhacker arbeiten).

2. Frischkäse, Schmand, Xylit, übrige Sahne (40 g), Limettenschale und -saft in einer Rührschüssel mit den Quirlen des Handrührgeräts mischen, dann das Gelatinepulver unterrühren. Die Avocado-Sahne-Masse unterheben und alles auf die Gläschen verteilen (nach Belieben mit einem Spritzbeutel mit Sterntülle).

3. Die Gläschen jeweils leicht auf die Arbeitsfläche klopfen, damit die Oberfläche glatt wird. Dann die Masse im Kühlschrank fest werden lassen – das dauert etwa 1 Stunde. Nach Belieben mit gehackter weißer Low-Carb-Schokolade garnieren. Lecker sind die No-Bake-Cakes auch mit Sahne, frischen Beeren oder einer Beerensauce.

Tipp: Die Avocado-Lime-Creme können Sie übrigens auch als Füllung für die kleinen Törtchen von Seite 84 (Dulce de leche) nehmen – einfach die Mürbeteigtartelettes blind backen und nach dem Backen mit der Lime-Cheesecake-Creme füllen! Ein paar Beeren obendrauf und schon haben Sie eine herrliche und farbenfrohe neue Variante!

Traumhafte TORTEN

Auf dieses Kapitel habe ich mich besonders gefreut, denn ich zeige Ihnen Klassiker, die mit wenigen Handgriffen zuckerfrei auf dem Tisch stehen. Kleiner Aufwand, große Show – so könnte es heißen, wenn Sie die Ombré-Torte präsentieren, Ihre Gäste mit Maulwurfkuchen erfreuen oder sich als Hochstapler an der Crêpe-Torte versuchen! Die wunderschöne Linzer Blumentorte zaubert Ihren Gästen sicher ein genauso breites Lächeln ins Gesicht wie Tiramisu und Co.!

DEKO-TIPPS

für Kuchen und Torten

Vorneweg: Ich bin weit entfernt von Perfektion, wenn es ums Dekorieren von Süßwaren geht! Mein Motto lautet eher: „Weniger ist mehr.“ Das wird alle freuen, die nicht so geübt sind oder es so halten wie ich. Die anderen dürfen mit den Tipps allem noch die Konditor-Krone aufsetzen!

SO KOMMT FARBE INS SPIEL

Ganz wichtig bei der Tortendeko ist natürlich die Creme oder Ganache (siehe Seite 110). Sie kann hell oder schokoladig braun sein oder mit Lebensmittelfarben gefärbt – dann bekommen Sie mit wenigen Handgriffen ein tolles Ergebnis. Ich verwende am liebsten Farbpasten, denn sie färben sehr intensiv. Sie können mit der Farbe auch weiße Low-Carb-Schokolade einfärben. Übrigens: Wenn Sie geschmolzene Schokolade auf Backpapier ausstreichen und abkühlen lassen, kann man sie später abnehmen und um Torten drapieren.

DEKO HERSTELLEN

Schnell und unkompliziert und trotzdem sehr eindrucksvoll sind Mini-Schokoladentäfelchen. Dazu einfach Low-Carb-Schokolade nach Wahl schmelzen und in der passenden Silikonform fest werden lassen. Mit weißer Schokolade und Blüten oder Nüssen werden die Täfelchen immer wieder anders. Low Carb, duftend und herrlich lecker sind auch Kokos-Chips als Deko. Für noch mehr Geschmack in einer Pfanne ohne Fett hell rösten, dann abgekühlt auf Kuchen oder Torte streuen.

DIE BASICS

Einige Geräte habe ich bereits vorn im Buch vorgestellt (siehe Seite 14). Speziell zum Garnieren empfehle ich Ihnen eine dünne Edelstahlplatte, die den Kuchen unfallfrei transportiert, aber auch abhebt, wenn man aus einem Korpus mehrere Kuchenböden schneidet. Mit Winkelpaletten lässt sich Creme gleichmäßig verteilen – mit den kleinen Exemplaren kommt man besonders gut in die Ecken. Außerdem empfiehlt sich ein spezielles Kuchengitter, auf dem Gebäck abkühlen, aber auch Schokolade ablaufen und fest werden kann. Schließlich sollte ein kleines feines Sieb für Puderzucker und Kakao in keinem Haushalt ebenso wenig fehlen wie eine scharfe feine Reibe für Schokolade oder Zitrusschalen. Der Zestenreißer sorgt für dekorative Fäden von Orange, Zitrone oder Limette – und schon haben Sie ein perfektes Finish für Ihre Cupcakes oder Kuchen.

TOLLE TUFFS

Sie zaubern Tuffs und Girlanden: Spritzbeutel mit Tüllen aller Art. Am besten kaufen Sie sich einen großen Spritzbeutel, den man waschen und wiederverwenden kann. Und dazu große und kleine Tüllen – mit Loch- oder Sternmuster. Alternativ geht es auch mit Einmalspritzbeuteln. Oder einfach einen Gefrierbeutel nehmen, eine Ecke abschneiden und die Tülle durchstecken. Schon kann es losgehen! Hat man keine Spritztüllen zur Hand, sorgt ein Löffelrücken für tolle Wellen auf dem Kuchen! Toppings für Muffins können Sie auch so auftragen – oder Sie nehmen einfach das Messer und zaubern eine schöne Kuppel.

OMBRÉ-TORTE
mit italienischer Buttercreme

Ein echter Knaller: sowohl optisch wegen des tollen Farbverlaufs als auch hinsichtlich der „inneren" Werte! Ich verwende nämlich Buttercreme – das erste und einzige Mal bisher in allen meinen Kochbüchern!

ZUTATEN
FÜR 6 KLEINE SPRINGFORMEN (À CA. 20 CM DURCHMESSER; 12 STÜCKE)

FÜR DEN TEIG
Butter für die Formen
10 Eier (L)
300 g Xylit
400 g helles teilentöltes Mandelmehl
Salz
2 TL Natron
1 Pck. Weinsteinbackpulver
100 ml Milch
50 g zerlassene Butter
rote Lebensmittelfarbe (als Paste)

FÜR DIE BUTTERCREME
6 Eiweiß (L)
280 g Xylit
500 g weiche Butter

ZUBEREITUNG: 25 MIN.
BACKEN: 6 X 22 MIN.
KÜHLEN: 1 STD.
PRO STÜCK: CA. 650 KCAL, 26 G EW, 45 G F, 4 G KH, 48 G XYLIT

1. Für den Teig den Backofen auf 175 °C vorheizen. Die Springformen mit Backpapier auslegen und die Ränder fetten. Die Eier mit dem Xylit in einer Rührschüssel mit den Quirlen des Handrührgeräts etwa 5 Minuten hell aufschlagen. Mandelmehl, 1 Prise Salz, Natron und Backpulver darübersieben und vermengen. Dann die Milch und die zerlassene Butter nach und nach unterrühren.

2. Den Teig in 6 Portionen teilen (am besten abwiegen, damit die Böden gleich groß werden – bei mir waren es je ca. 230 g). Nacheinander jede Portion mit einer größer werdenden Menge Lebensmittelfarbe einfärben und in eine Springform füllen. Dazu nach und nach 1 kleine Msp. Farbpaste gut in den Teig rühren – am Ende hat man 6 Böden von hellrosa bis tiefpink. Ich habe den ersten übrigens nicht eingefärbt! Alle Böden nacheinander im Ofen auf der mittleren Schiene etwa 22 Minuten backen. Herausnehmen und gut abkühlen lassen.

3. Für die Buttercreme die Eiweiße mit Xylit in einer Edelstahlschüssel über dem heißen Wasserbad aufschlagen, bis die Masse 70 °C erreicht hat. Dann in die Küchenmaschine geben und noch so lange aufschlagen, bis die Masse weiß ist und feine Spitzen bildet. Die weiche Butter esslöffelweise dazugeben, dabei immer weiterschlagen, bis eine feste, fluffige Masse entstanden ist. Sollte sie zu weich sein, einfach in den Kühlschrank stellen und nochmals aufschlagen.

4. Die Böden der Farbe nach zusammensetzen und jeweils mit etwas Creme mithilfe eines Spritzbeutels mit Lochtülle füllen. Zuletzt die Torte nach Belieben verzieren. Etwa 1 Stunde kühl stellen.

Tipp: Selbstverständlich können Sie die Füllung austauschen – es passt auch die Limettencreme der Crêpe-Torte (siehe Seite 132). Gestalten Sie die festliche Ombré-Torte nach Ihren Wünschen! Sie können außerdem auch die Mengen halbieren – die Torte wird dreistöckig genauso schön.

TIRAMISU-TORTE
mit Mascarponecreme

Statt des klassischen Desserts gibt es das Tiramisu zur Abwechslung als Torte: mit Kaffee getränkte Schokoböden, gefüllt mit sahniger Mascarponecreme. Eine kleine Sünde und der perfekte Begleiter zu Cappuccino, Espresso und Co.

ZUTATEN FÜR 1 QUADRATISCHE BACKFORM (CA. 18 X 18 CM; 12 STÜCKE)

FÜR DEN TEIG
3 Eier (L), 2 Eiweiß (L)
50 g Erythrit Gold
(oder je 25 g Erythrit und Xylit)
30 g Back- oder Rohkakaopulver
30 g helles entöltes Mandelmehl
½ Pck. Weinsteinbackpulver
½ TL Guarkernmehl, Salz
50 g Sahne

FÜR DIE CREME
200 g Sahne
½ TL Guarkernmehl
2 Eigelb (L), 250 g Mascarpone
30 g Puder-Xylit

AUSSERDEM
Butter für die Form
40 ml abgekühlter Espresso
1 EL Back- oder Rohkakaopulver

ZUBEREITUNG: 40 MIN.
BACKEN: 35 MIN.
KÜHLEN: 2 STD.
PRO STÜCK: CA. 210 KCAL,
6 G EW, 19 G F, 3 G KH,
4 G ERYTRHIT, 3 G XYLIT

1. Den Backofen auf 160 °C (Umluft) vorheizen. Die Form einfetten. Für den Teig Eier und Eiweiße mit dem Erythrit in einer Rührschüssel mit den Quirlen des Handrührgeräts mindestens 5 Minuten hellschaumig aufschlagen. Kakao, Mandelmehl, Backpulver, Guarkernmehl und 1 kleine Prise Salz mischen, alles über die Eiermasse sieben und zügig untermischen. Zuletzt die Sahne unterrühren.

2. Den Teig in die Form füllen und glatt streichen, im Ofen auf der mittleren Schiene 30 bis 35 Minuten backen (Stäbchenprobe machen, siehe Seite 32). Aus dem Ofen nehmen und auf einem Kuchengitter vollständig abkühlen lassen.

3. Für die Creme währenddessen die Sahne steif schlagen. Das Guarkernmehl einrieseln lassen, dabei stetig weiterschlagen. Die Eigelbe mit Mascarpone und Puder-Xylit glatt rühren. Die Sahne mit einem Teigschaber locker unterheben.

4. Den Kuchen aus der Form lösen und waagerecht halbieren. Den unteren Boden auf eine Platte setzen, mit 20 ml Espresso tränken und knapp die Hälfte der Creme darauf verstreichen. Den oberen Boden daraufsetzen und mit dem restlichen Espresso tränken.

5. Dann die übrige Creme streifenförmig auf die Torte spritzen und die Torte mindestens 2 Stunden kühl stellen. Bis zum Verzehr im Kühlschrank lagern und zum Servieren mit Kakaopulver bestäuben.

CARROT CAKE
mit Haselnüssen

Dieser Kuchen ist einer meiner liebsten Backwerke! Wie alles mit Nüssen oder Kaffee … Ich warte nicht bis Ostern, sondern backe ihn das ganze Jahr – sehr zur Freude meiner Familie, die auch so Carrot-Cake-crazy ist!

Zutaten
für 2 kleine Springformen (à ca. 20 cm Durchmesser; 12 Stücke)

Für den Teig
Butter für die Formen
300 g gemahlene Haselnüsse
1 EL Zimtpulver
60 g Proteinpulver (neutral oder Vanille) oder zuckerfreies Puddingpulver (z. B. von Natreen)
10 g Weinsteinbackpulver
6 Eier (L), Salz, 100 g Xylit
300 g fein geriebene Möhren
abgeriebene Schale und Saft von 2 unbehandelten Zitronen

Für die Füllung
500 g Mascarpone
250 g Speisequark (20 % Fett)

Für die Deko
50 g geröstete Mandelblättchen
2–3 kleine Möhren (mit Grün)

Zubereitung: 30 Min.
Backen: 40 Min.
Kühlen: 2 Std.
Pro Stück: ca. 480 kcal, 17 g EW, 40 g F, 8 g KH, 8 g Xylit

1. Den Backofen auf 175 °C vorheizen. Die Backformen mit Backpapier auslegen und die Ränder einfetten.

2. Für den Teig Nüsse, Zimt, Protein- oder Puddingpulver und Backpulver mischen. Die Eier trennen, die Eiweiße mit 1 Prise Salz nicht zu steif schlagen. Die Eigelbe und Xylit hell aufschlagen.

3. Den Nüsse-Mix zur Eigelbmasse geben. Dann geriebene Möhren, Zitronenschale und -saft hinzufügen und unterrühren. Zuletzt den Eischnee unterheben, dabei erst ein Drittel mit einem Schneebesen zügig unterrühren, dann den Rest mit einem Teigschaber vorsichtig unterheben.

4. Den Teig gleichmäßig auf die Backformen verteilen und glatt streichen. Im Ofen auf der mittleren Schiene etwa 40 Minuten backen (Stäbchenprobe machen, siehe Seite 32). Aus dem Ofen nehmen und auf einem Kuchengitter vollständig abkühlen lassen.

5. Für die Füllung Mascarpone und Quark aufschlagen (ich süße die Masse nicht, nach Belieben können Sie 50 g Puder-Xylit hinzufügen, das löst sich gut auf). Den unteren Boden auf eine Tortenplatte setzen und mit etwas Creme bestreichen. Den oberen Boden daraufsetzen und den Kuchen rundum mit der übrigen Creme überziehen. Zuletzt mit den Mandelblättchen und den Möhren garnieren. Vor dem Servieren etwa 2 Stunden kühl stellen.

Tipp: Falls Sie keine Haselnüsse mögen, können Sie sie 1:1 durch gemahlene Walnüsse, Pecannüsse oder andere Nüsse ihrer Wahl ersetzen.

LINZER BLUMENTORTE
mit Rhabarber und Erdbeeren

Linzer Torte ist ein Klassiker, den jeder mag – als Plätzchen im Advent, Pfauenauge zum Kaffee oder als Torte mit dem typischen Teiggitter. Hier habe ich den feinen Kuchen mit einer Blumenwiese überzogen.

ZUTATEN
FÜR 1 TARTEFORM (CA. 28 CM DURCHMESSER; 12 STÜCKE)

FÜR DIE FÜLLUNG
je 150 g Rhabarber und Erdbeeren (geputzt und in Stücke geschnitten)
30 g Xylit

FÜR DEN MÜRBETEIG
100 g helles entöltes Mandelmehl
75 g entöltes Kokosmehl
80 g Xylit
1 Ei (L)
150 g kalte Butter (in Würfeln)
4 EL kaltes Wasser

ZUBEREITUNG: 45 MIN.
GAREN: 30 MIN.
KÜHLEN: 10 MIN.
BACKEN: 40 MIN.
PRO STÜCK: CA. 175 KCAL, 7 G EW, 12 G F, 3 G KH, 9 G XYLIT

1. Für die Füllung das Obst vorbereiten. Den Xylit in einem Topf zerlassen, dann das Obst dazugeben und alles mit geschlossenem Deckel bei schwacher Hitze etwa 30 Minuten köcheln lassen. Vom Herd nehmen und abkühlen lassen.

2. Für den Mürbeteig den Backofen auf 180 °C vorheizen. Die Tarteform mit Backpapier auslegen. Alle Zutaten zügig verkneten (am einfachsten und schnellsten geht das im Blitzhacker). Den Teig halbieren und jede Hälfte zwischen zwei Lagen Backpapier mit dem Nudelholz etwa 5 mm dick ausrollen.

3. Eine Hälfte mit dem Backpapier etwa 5 Minuten ins Tiefkühlfach stellen. Von der zweiten Hälfte das obere Backpapier abziehen, die Form umgedreht darauflegen und mit einem scharfen Messer rundum den Boden ausschneiden. Dann mithilfe des Backpapiers in die Form legen, das Papier abziehen und den Teig in die Form drücken (Teigreste ebenfalls ins Tiefkühlfach geben).

4. Den Teigboden mit der Erdbeer-Rhabarber-Masse füllen. Von der gekühlten Teighälfte das obere Backpapier abziehen und mit einem Ausstecher kleine Blumen ausstechen, ebenso aus den Teigresten vom Boden. Die Blumen locker auf die Füllung setzen.

5. Den Kuchen im Ofen auf der mittleren Schiene etwa 40 Minuten backen. Dabei nach etwa 30 Minuten mit Backpapier abdecken, damit der Teig nicht zu stark bräunt. Aus dem Ofen nehmen und vollständig abkühlen lassen. Zum Servieren nach Belieben mit etwas Puder-Xylit bestäuben und mit essbaren Blüten garnieren.

Tipp: Kochen Sie am besten gleich die doppelte Menge Erdbeer-Rhabarber-Masse – das ergibt einen köstlichen Brotaufstrich und ein leckeres Extra für Quark, Joghurt und Co.!

MAULWURFKUCHEN

mit Sahne-Quark-Creme und Erdbeeren

Saftiger Schokoboden mit Früchten und Sahnecreme mit Schokostücken – klingt traumhaft, oder? Im Low-Carb-Maulwurf stecken statt Bananen Erdbeeren, was dem Geschmack aber keinen Abbruch tut, im Gegenteil!

Zutaten für 1 kleine Springform (ca. 20 cm Durchmesser; 12 Stücke)

Für den Teig
Butter für die Form
3 Eier (L), 65 g Erythrit Gold
(oder je 33 g Erythrit und Xylit)
30 g entöltes Kokosmehl
25 g helles entöltes Mandelmehl
Salz, ½ TL Guarkernmehl
½ Pck. Weinsteinbackpulver
30 g Back- oder Rohkakaopulver
40 g Sahne

Für die Füllung
250 g Sahne
250 g Speisequark (20 % Fett)
2 EL Puder-Xylit, 2 Pck. Instant-Gelatinepulver (30 g)
30 g Zartbitterschokolade
(mind. 90 % Kakaogehalt;
oder Low-Carb-Schokolade)
200 g Erdbeeren

Zubereitung: 45 Min.
Backen: 25 Min.
Kühlen: 2 Std.
Pro Stück: ca. 180 kcal,
9 g EW, 13 g F, 4 g KH,
5 g Erythrit, 2 g Xylit

1. Den Backofen auf 160 °C (Umluft) vorheizen. Die Form einfetten. Für den Teig die Eier mit Erythrit in einer Rührschüssel mit den Quirlen des Handrührgeräts mindestens 5 Minuten hellschaumig aufschlagen. Beide Mehlsorten, 1 kleine Prise Salz, Guarkernmehl, Backpulver und Kakao trocken mischen. Die Mischung zur Eiermasse geben und zügig untermischen. Zuletzt die Sahne unterrühren.

2. Den Teig in die Form füllen und glatt streichen, im Ofen auf der mittleren Schiene etwa 25 Minuten backen (Stäbchenprobe machen, siehe Seite 32). Aus dem Ofen nehmen und auf einem Kuchengitter vollständig abkühlen lassen.

3. Für die Füllung Sahne und Quark mit dem Xylit steif schlagen. Das Gelatinepulver einrieseln lassen, dabei stetig weiterschlagen. Die Schokolade hacken und unterheben. Die Erdbeeren putzen, waschen und je nach Größe halbieren oder vierteln.

4. Den Kuchen aus der Form lösen, auf eine Tortenplatte setzen und mit dem Messer etwa 2 cm vom Rand rundum etwa 1 cm tief einritzen. Vom Kuchen mit einem Teelöffel etwa 1 cm abtragen und in einer Schüssel zerbröseln.

5. Die Erdbeeren nebeneinander auf den ausgehöhlten Boden setzen und die Creme kuppelartig darauf verteilen. Die Kuppel mit den Teigbröseln gleichmäßig bedecken und leicht andrücken. Mindestens 2 Stunden kühl stellen.

Tipp: *Bei vielen Toppings und Füllungen ist das A und O, dass die Creme oder Füllung fest bleibt – wie hier, bei der Crêpe-Torte (siehe Seite 132) oder bei der Brottorte (siehe Seite 45). Ich verwende deshalb Pulvergelatine, die sofort geliert, also nicht eingeweicht werden muss. Eine vegane Variante ist Agar-Agar-Pulver (bitte Packungsanweisung beachten!).*

MILCHSCHNITTE
mit Quark-Joghurt-Creme

Diese superschokoladige Torte liebe ich! Die zuckerfreie Riesenvariante macht sich wunderbar auf der Kaffeetafel und ist bei Kindern genauso beliebt wie bei Erwachsenen.

ZUTATEN
FÜR 1 BACKBLECH
(CA. 25 X 34 CM; 16 STÜCKE)

FÜR DEN TEIG
6 Eier (L), 100 g Xylit
100 g helles teilentöltes Mandelmehl
30 g Kakaopulver
10 g zerlassene Butter

FÜR DIE FÜLLUNG
100 g Sahne
250 g Speisequark (20 % Fett)
150 g griech. Joghurt (10 % Fett)
50 g Xylit
1 Pck. Instant-Gelatinepulver (15 g) oder Bindemittel nach Wahl (siehe Tipp)
1 TL Back- oder Rohkakaopulver zum Bestäuben

ZUBEREITUNG: 25 MIN.
BACKEN: 25 MIN.
KÜHLEN: 1 STD. (ÜBER NACHT)
PRO STÜCK: CA. 135 KCAL,
10 G EW, 7 G F, 2 G KH, 9 G XYLIT

1. Für den Teig den Backofen auf 175 °C vorheizen. Ein Backblech mit Backpapier auslegen.

2. Die Eier mit dem Xylit in einer Rührschüssel mit den Quirlen des Handrührgeräts etwa 5 Minuten hell aufschlagen. Das Mandelmehl und den Kakao darübersieben und untermischen. Zuletzt die zerlassene Butter unterrühren.

3. Den Teig mit einer Palette gleichmäßig auf dem ganzen Backblech verteilen und im Ofen auf der mittleren Schiene etwa 25 Minuten backen. Herausnehmen und vollständig abkühlen lassen.

4. Für die Füllung inzwischen die Sahne steif schlagen. Den Quark mit dem Joghurt und dem Xylit aufschlagen und Gelatinepulver oder Bindemittel nach Wahl unterrühren. Zuletzt die Sahne unterheben.

5. Den gebackenen Teig quer halbieren, eine Hälfte auf eine Tortenplatte setzen und mit der Creme bestreichen. Die zweite Hälfte darauflegen, leicht andrücken und die Torte mindestens 1 Stunde, am besten über Nacht, kühl stellen.

6. Zum Servieren die Kanten gerade schneiden und die Torte mit dem Kakao bestäuben. Dann in 16 Stücke schneiden.

Tipp: Nach Wunsch lässt sich die Torte noch üppiger füllen, wenn Sie Mascarpone statt Quark nehmen. Veganer können anstelle des Gelatinepulvers die pflanzliche Alternative Agar-Agar verwenden (siehe Seite 97).

Nicht ganz UNSICHTBARER KUCHEN

Das Rezept ist eine Abwandlung des „Invisible Cake": Macht man ihn nur mit Äpfeln, verschwinden diese nach dem Backen quasi im Teig! Ich wollte es aber gerne bunt und fröhlich und habe ein paar Himbeeren mitgebacken.

Zutaten
für 1 kleine Kastenform (24 cm Länge; oder 1 Kuppelbackform, ca. 16 cm Durchmesser; 8 Stücke)

Butter für die Form
1 großer säuerlicher Apfel
100 g Himbeeren
2 Eier (L)
50 g Xylit (gerne mit geriebener Tonka oder gemahlener Vanille aromatisiert, siehe Seite 12)
Salz
2 EL Sahne
20 g zerlassene Butter
40 g helles entöltes Mandelmehl

Zubereitung: 20 Min.
Backen: 30 Min.
Pro Stück: ca. 110 kcal,
5 g EW, 5 g F, 5 g KH, 6 g Xylit

1. Den Backofen auf 175 °C vorheizen. Die Form einfetten, je nach Material mit Backpapier auslegen. Den Apfel waschen, vierteln und entkernen. Dann die Viertel in dünne Scheiben schneiden (es soll ca. 175 g ergeben). Die Himbeeren verlesen, waschen und trocken tupfen.

2. Die Eier mit dem Xylit und 1 Prise Salz in einer Rührschüssel mit den Quirlen des Handrührgeräts aufschlagen. Sahne und Butter dazugeben, dann das Mehl hinzufügen und alles untermischen. Der Teig soll die Konsistenz eines leicht dickflüssigen Crêpe-Teigs aufweisen. Zuletzt die Apfelscheiben unterheben.

3. Den Teig bis zur Hälfte in die Form füllen, dann die Himbeeren darauf verteilen und mit dem Rest des Teigs auffüllen. Den Kuchen nach Belieben noch mit 2 bis 3 EL Mandelblättchen bestreuen.

4. Dann im Ofen auf der mittleren Schiene etwa 30 Minuten backen (Stäbchenprobe machen, siehe Seite 32 – je nach Form kann es etwas länger dauern). Dabei den Kuchen gegen Ende der Backzeit mit Backpapier abdecken, damit die Mandelblättchen nicht zu stark bräunen. Den Kuchen aus dem Ofen nehmen und auf einem Kuchengitter abkühlen lassen. Nach Belieben mit Puder-Xylit bestreuen.

Tipp: Gerade wenn Himbeeren Saison haben, liebe ich sie – denn sie erinnern mich an die vielen Himbeersträucher in Omas Garten, so duftend und köstlich! Sie können genauso gut jedes andere Obst der Saison nehmen, auch Erdbeeren, Birnen, in Scheiben geschnittene Zwetschgen (mit Zimt ganz wunderbar) oder Heidelbeeren passen gut!

CRÊPE-TORTE
mit Limettencreme

Egal ob Crêpe, Pfannkuchen oder Palatschinken – ich denke, jeder mag diese mehr oder weniger dünnen Pfannkuchen, die sich als kleine süße Hochstapler perfekt zu einer hübschen Sonntagstorte auftürmen.

ZUTATEN
FÜR 1 KLEINE SPRINGFORM (CA. 20 CM DURCHMESSER; 12 STÜCKE)

FÜR DIE CRÊPES
350 g Ricotta, 7 Eier (L)
1 TL Flohsamenschalenpulver
2 EL Vanille-Xylit
3–4 EL Milch
Fett zum Ausbacken

FÜR DIE CREME
500 g Speisequark (20 % Fett)
50 g Puder-Xylit
abgeriebene Schale und Saft von 1 kleinen unbehandelten Limette
100 g Sahne
2 Pck. Instant-Gelatinepulver (30 g)

AUSSERDEM
80 g gemischte Beeren zum Garnieren

ZUBEREITUNG: 45 MIN.
QUELLEN: 10 MIN.
KÜHLEN: 1 STD. (ÜBER NACHT)
PRO STÜCK: CA. 210 KCAL, 14 G EW, 14 G F, 4 G KH, 6 G XYLIT

1. Für die Crêpes Ricotta, Eier, Flohsamenschalen und Xylit in einer Rührschüssel mit einem Schneebesen gut verquirlen und alles etwa 10 Minuten quellen lassen.

2. Dann so viel Milch dazugeben, dass ein leicht dickflüssiger Pfannkuchenteig entsteht. Nacheinander 10 Pfannkuchen (à 20 cm Durchmesser) in einer beschichteten Pfanne in wenig Fett ausbacken, herausnehmen und vollkommen abkühlen lassen.

3. Für die Creme den Quark mit dem Xylit aufschlagen, Limettenschale und -saft hinzufügen und die Sahne in einem dünnen Strahl dazugeben. Zuletzt das Gelatinepulver unterrühren.

4. Einen passenden Tortenring auf eine Tortenplatte stellen. Den ersten Pfannkuchen in den Tortenring legen und mit etwas Creme bestreichen. Auf diese Weise fortfahren, bis die Creme und alle Pfannkuchen verbraucht sind – dabei mit der Creme abschließen. Danach den Turm mindestens 1 Stunde, am besten über Nacht, kühl stellen.

5. Zum Servieren die Beeren verlesen, waschen und trocken tupfen. Die Tortenoberfläche mit den Beeren belegen und nach Belieben noch dünn mit Puder-Xylit bestäuben.

Tipp: Bei der Wahl der Creme können Sie variieren oder die Creme mit Lebensmittelfarbe bunt einfärben. Auch ein Ombré-Look ist toll! Ansonsten schmeckt eine Ganache (siehe Seite 110) großartig, eine Cappuccinocreme (siehe Seite 40), ein Mascarpone-Frosting (siehe Seite 122) oder die Ricottafüllung der Mohnbiskuitrolle (siehe Seite 28).

Süßer
GEMÜSETEIG

Keine Angst vor Gemüse im Kuchen! Vielleicht bedarf es ein wenig Überzeugungsarbeit, aber ich bin mir ziemlich sicher, selbst Ihre Kinder werden diese Kuchen lieben – und vielleicht sogar die Rote-Bete-Brownies zu ihrem neuen Liebling erklären. Ich zeige, welches Gemüse wunderbar in süßen Teig passt und ihn saftig und lecker macht – für den Extrakick bei gefüllter Möhrenroulade, saftigem Gugelhupf, strahlendem Kürbisbrot und einfachen Avocadomuffins!

Step by step

MÖHREN-NUSS-ROULADE

Nussig-fein und so saftig – dank der geriebenen Möhren im Biskuit! Diese Roulade gelingt leicht und ist ein echter Verwandlungskünstler, denn Sie können sie nach Herzenslust immer neu füllen!

ZUTATEN FÜR 1 BISKUITROLLE (12 STÜCKE)

FÜR DEN GEMÜSEBISKUIT

4 Eier (L)
75 g Xylit, Salz
100 g gemahlene Walnüsse
100 g gemahlene Haselnüsse
35 g Back- oder Rohkakaopulver
5 g Flohsamenschalenpulver
125 g fein geriebene Möhren

FÜR DIE FÜLLUNG

400 g Sahne
2 EL Vanille-Xylit
2 Pck. Instant-Gelatinepulver (30 g)
abgeriebene Schale von 1 unbehandelten Limette oder ½ unbehandelten Orange

AUSSERDEM

Xylit zum Bestreuen des Küchentuchs
½ TL Puder-Xylit zum Bestäuben
½ unbehandelte Orange (in dünnen Scheiben)

ZUBEREITUNG: 30 MIN.
BACKEN: 18 MIN.
KÜHLEN: 1 STD. 30 MIN.
PRO STÜCK: CA. 290 KCAL,
9 G EW, 24 G F, 3 G KH, 8 G XYLIT

Für den Gemüsebiskuit den Backofen auf 180 °C vorheizen. Ein Backblech mit Backpapier auslegen. Die Eier trennen, die Eigelbe mit dem Xylit in einer Rührschüssel mit den Quirlen des Handrührgeräts hell aufschlagen. Die Eiweiße mit 1 Prise Salz zu einem cremigen Eischnee aufschlagen.

Beide Nusssorten mit Kakao und Flohsamenschalenpulver mischen. Die Möhren mit dem Nüsse-Mix unter die Eigelbmasse rühren. Ein Drittel des Eischnees mit einem Schneebesen zügig einarbeiten, um die Masse zu lockern. Dann den restlichen Eischnee mit einem Teigschaber vorsichtig unterheben.

Die Masse auf das Blech geben und mit einer Palette oder Teigkarte zu einem Rechteck (ca. 30 x 35 cm) glatt streichen. Den Biskuit im Ofen auf der mittleren Schiene 15 bis 18 Minuten backen, dann sofort auf ein sauberes, mit etwas Xylit bestreutes Küchentuch stürzen und das Backpapier vorsichtig abziehen. Mithilfe des Küchentuchs locker aufrollen und etwa 1 Stunde abkühlen lassen.

Für die Füllung die Sahne mit dem Xylit steif schlagen, dabei das Gelatinepulver einrieseln lassen. Die Limetten- oder Orangenschale unterrühren. Die Biskuitrolle vorsichtig öffnen und die Füllung auf dem Teig verstreichen, dann die Teigplatte wieder locker aufrollen. Die Roulade mit dem Puder-Xylit bestäuben und mit den Orangenscheiben garnieren. Vor dem Servieren noch etwa 30 Minuten kühl stellen.

TIPP:

Sie können die Möhren-Nuss-Roulade nach Belieben noch mit gehackten Pistazienkernen bestreuen. Und zum Füllen eignet sich auch die Quark-Joghurt-Creme von Seite 128.

GEMÜSETEIG

Pannenhilfe & Wissenswertes

Backen mit Gemüse schon probiert? Ich war bei Kuchen und Co. lange sehr skeptisch – bis eine Freundin einen göttlichen Zucchiniblechkuchen mitbrachte: supersaftig und keine Spur von Zucchinigeschmack (das war immer meine Befürchtung bei diesen Kuchen)!

WELCHE TEIGE EIGNEN SICH?

Am besten lässt sich Rührteig mit Gemüse abwandeln: einfach mehr oder weniger fein geraspeltes oder (gegartes und dann) püriertes Gemüse einarbeiten. Gleichzeitig je nach Konsistenz und Feuchtigkeit den Teig mit etwas Nussmehl fester machen oder mit etwas Wasser oder Milch strecken. Auch bei Brot und Brötchen kann Gemüse zum Einsatz kommen: Roh oder gegart, als feine Scheiben, Stifte oder Raspel sorgt es für Farbe und Abwechslung – wie die Möhren in den Körnerriegeln für Ostern (siehe Seite 44).

NICHT GANZ LOW CARB

Sie haben Lust auf einen Gemüsekuchen und noch Kohlenhydrate auf dem Konto übrig? Dann versuchen Sie es doch mit gegarten und durchgepressten mehligkochenden Kartoffeln oder mit Süßkartoffeln im Teig! Einen Kartoffelkuchen kann man auch aus wunderschönen lila oder blauen Kartoffeln zaubern – das wird sicher für Begeisterung an der Kaffeetafel sorgen. Im Internet finden Sie eine Fülle von Rezepten dazu.

MIT GEDULD NOCH SAFTIGER!

Gemüsekuchen am Vortag backen und über Nacht ziehen lassen: Schmeckt soft und herrlich, die verwendeten Gewürze und Aromen explodieren über Nacht!

WARUM GEMÜSE?

Warum sollten Sie sich auf das Experiment „Gemüse im Kuchen“ einlassen? Weil das Gemüse den Kuchen so unglaublich saftig macht, für eine tolle Farbe sorgt, Vitamine und Ballaststoffe mitbringt und sich wunderbar für Low Carb eignet! Dabei bleibt der Teig geschmacklich so neutral, dass Ihre Gäste es wohl ohne Ihren Hinweis gar nicht herausschmecken würden. Gerade bei später gefüllten oder glasierten Kuchen stört das Gemüse den Geschmack nicht. Ideal zum Low-Carb-Backen sind Möhren, Zucchini, Rote Bete und alle Arten von essbarem Kürbis. Auch Kartoffeln, Süßkartoffeln, Pastinake und sogar Sauerkraut und Spinat eignen sich, dazu finden Sie Rezepte im Internet. Verwendet man Avocado, benötigen Sie kaum zusätzliches Fett – die fettgesunde Frucht sorgt sogar gleich noch für die Portion ungesättigter Fettsäuren.

WAS PASST DAZU?

Natürlich können Sie nach Herzenslust experimentieren. Klassische Kombis sind Möhren, Haselnüsse und Ingwer oder Zimt, Zucchini und dunkler Kakao, Kürbis, Pecannüsse und Kardamom oder Rote Bete und Zartbitterschokolade. Überhaupt sind Nüsse und Schokolade ein Traumpaar – achten Sie auf gute Qualität und sehr dunkle Schokolade oder verwenden Sie Roh- oder Backkakao. Die Avocado ruft förmlich nach Zitrone oder Limette und lässt sich so auch roh für No-Bake-Cheesecakes verwenden, mit oder ohne Boden. Und natürlich lieben Gemüsekuchen TOPPINGS – aus Frischkäse, Schmand, Mascarpone, Sahne, aber auch eine dunkle Ganache oder saftige Streusel passen wunderbar.

ROTE-BETE-BROWNIES

extraschokoladig

Ich muss zugeben: Obwohl ich alles probiere und Rote Bete als Gemüse gern mag, war die Vorstellung, sie im Kuchen zu verarbeiten, lange wenig verlockend. Bis ich solche Rote-Bete-Brownies angeboten bekam …

Zutaten für 1 rechteckige Backform (ca. 18 x 25 cm; 12 Stücke)

Butter für die Form
350 g Rote Beten (vorgegart und vakuumiert)
100 ml neutrales Öl
4 Eier (M)
130 g Xylit
100 g Roh- oder Backkakaopulver und 1 EL zum Bestäuben
100 g gemahlene blanchierte Mandeln

Zubereitung: 10 Min.
Backen: 30 Min.
Pro Stück: ca. 230 kcal, 6 g EW, 17 g F, 4 g KH, 11 g Xylit

1. Den Backofen auf 185 °C vorheizen. Die Form einfetten oder mit Backpapier auslegen.

2. Die Roten Beten trocken tupfen, die dunklen Enden entfernen und die Beten in große Würfel schneiden. (Verwenden Sie am besten Handschuhe, so färben Sie Ihre Hände nicht!) Danach im Mixer mit dem Öl fein pürieren.

3. Anschließend die Eier und den Xylit abwechselnd zum Rote-Bete-Püree hinzufügen und ebenfalls untermixen. Zuletzt Kakao und Mandeln dazugeben und alles zu einem homogenen Teig mischen.

4. Den Teig in die Form füllen und glatt streichen. Dann im Ofen auf der zweiten Schiene von unten etwa 30 Minuten backen. Aus dem Ofen nehmen und abkühlen lassen. Zum Servieren mit dem Kakaopulver bestäuben und in rechteckige Stücke schneiden.

Tipps: Die restlichen Roten Beten einfach in feine Würfel schneiden und mit Olivenöl, Essig, Salz und Pfeffer anmachen: ein wunderbarer kleiner Salat – in Sekunden gezaubert!

Anstelle des Kakaopulvers können Sie auch einfach 100 g Zartbitterschokolade (90 % Kakaoanteil; oder Low-Carb-Schokolade) reiben und unter den Teig mischen.

ZUCCHINIKUCHEN
mit Spekulatiusaroma

Spekulatius geht nicht nur zu Weihnachten! Vor allem, wenn das Gewürz mit frischer Zucchini und Kakao zu einem herrlich saftigen Kuchen kombiniert wird! So schmeckt das Gemüse auch denen, die es sonst meiden.

ZUTATEN FÜR 1 QUADRATISCHE BACKFORM (CA. 18 X 18 CM; 12 STÜCKE)

Butter für die Form
100 g helles entöltes Mandelmehl
50 g entöltes Macadamiamehl
65 g Xylit
1 TL Weinsteinbackpulver
1 Pck. Spekulatiusgewürz (15 g)
50 g Back- oder Rohkakaopulver
4 Eier (L)
Salz
100 g Speisequark (40 % Fett)
30 g zerlassene Butter
130 g geriebene Zucchini
50 ml Milch

ZUBEREITUNG: 25 MIN.
BACKEN: 45 MIN.
PRO STÜCK: CA. 140 KCAL, 10 G EW, 7 G F, 3 G KH, 5 G XYLIT

1. Den Backofen auf 175 °C vorheizen. Die Form fetten oder mit Backpapier auslegen. Alle trockenen Zutaten mischen. Die Eier trennen und die Eiweiße mit 1 Prise Salz steif schlagen.

2. Die Eigelbe mit Quark und Butter in einer Rührschüssel mit den Quirlen des Handrührgeräts verrühren. Die Zucchiniraspel dazugeben und unterrühren, dann die trockenen Zutaten nach und nach unter Rühren hinzufügen. Zuletzt nach und nach die Milch untermischen (je nach Zucchini brauchen Sie eventuell nicht ganz 50 ml).

3. Ein Drittel des Eischnees mit einem Schneebesen unter den Teig rühren, den Rest mit einem Teigschaber vorsichtig unterheben. Die Masse in die Form füllen und glatt streichen, dann im Ofen auf der mittleren Schiene etwa 45 Minuten backen.

4. Herausnehmen und auf einem Kuchengitter abkühlen lassen. Zum Servieren in Stücke schneiden – besonders hübsch sieht es aus, wenn Sie den Kuchen in Rauten schneiden und mit Puder-Xylit bestäuben.

Tipp: Mit einem Schokoladenüberzug schmeckt der Kuchen doppelt so lecker! Dazu einfach 50 g Zartbitter- oder Low-Carb-Schokolade in einer Edelstahlschüssel über dem heißen Wasserbad unter Rühren schmelzen und mit ½ TL nativem Kokosöl mischen – so wird der Guss weniger hart und bricht nicht beim Schneiden.

ROTE-BETE-GUGELHUPF

mit Frischkäsefüllung

Keine Angst: Die Rote Bete schmeckt nicht heraus! Sie sorgt aber für eine schöne feuchte Konsistenz und ein leicht erdig-liebliches Aroma. Frischkäsefüllung und zitronige Glasur veredeln den Gugelhupf.

ZUTATEN FÜR 1 GUGELHUPF (22 CM DURCHMESSER; 12 STÜCKE)

FÜR DEN TEIG
Butter für die Form
5 Eier (L), Salz, 90 g Xylit
100 g Rote Bete (vorgegart und vakuumiert)
140 ml ungesüßter Mandeldrink
75 g entöltes Kokosmehl
50 g helles teilentöltes Mandelmehl, ½ TL Guarkernmehl
30 g Back- oder Rohkakaopulver
10 g Weinsteinbackpulver
75 g zerlassene Butter

FÜR DIE FÜLLUNG
150 g Frischkäse (Doppelrahmstufe)
50 g weiche Butter, 25 g Xylit

FÜR DIE GLASUR
35 g weiche Butter
45 g Xylit, 90 g Frischkäse
2 EL Zitronensaft

ZUBEREITUNG: 20 MIN.
BACKEN: 50 MIN.
KÜHLEN: 1 STD.
PRO STÜCK: CA. 290 KCAL, 9 G EW, 22 G F, 4 G KH, 13 G XYLIT

1. Für den Teig den Backofen auf 160 °C vorheizen. Die Gugelhupfform gut einfetten. Die Eier trennen und die Eiweiße mit 1 Prise Salz steif schlagen. Eigelbe und Xylit etwa 5 Minuten schaumig schlagen. Rote Bete und Mandeldrink in einem hohen Rührbecher mit dem Stabmixer pürieren und unter die Eigelbmasse heben.

2. Alle trockenen Zutaten vermengen, dann abwechselnd mit der zerlassenen Butter zur Rote-Bete-Mischung geben und unterrühren. Zum Schluss den Eischnee vorsichtig unterheben, dabei erst ein Drittel mit einem Schneebesen unterrühren, dann den Rest mit einem Teigschaber vorsichtig unterheben.

3. Den Teig in die Form füllen und glatt streichen, dann im Ofen auf der mittleren Stufe etwa 50 Minuten backen (Stäbchenprobe machen, siehe Seite 32). Herausnehmen, in der Form abkühlen lassen und stürzen. Den Gugelhupf zwei Mal waagerecht teilen – das geht ganz einfach mit einem Brotmesser.

4. Für die Füllung alle Zutaten mit den Quirlen des Handrührgeräts oder im Mixer glatt rühren und die Hälfte auf den unteren Boden geben. Den mittleren Boden daraufsetzen und leicht andrücken. Die restliche Creme darauf verteilen und den oberen Boden daraufsetzen, wieder leicht andrücken.

5. Für die Glasur alle Zutaten in einem Topf verrühren und leicht erwärmen (alternativ in der Mikrowelle erwärmen). Die Glasur locker über den Gugelhupf laufen lassen und den Kuchen bis zum Verzehr kühl stellen. Nach Belieben noch mit Kakaopulver bestäuben und/oder mit Lavendelblüten garnieren.

olles *Himmelsglitzerdings*

PUMPKIN CUPCAKES
mit Kürbiskernstreuseln

Ein absolutes MUSS – nicht nur an Halloween! Meine einfachen Kürbis-Cupcakes punkten mit tollem Duft, superleckeren Gewürzen und genialem Crunch in Form von knusprigen Kürbiskernstreuseln.

ZUTATEN
FÜR 12 CUPCAKES

FÜR DIE STREUSEL
25 g kalte Butter (in Würfeln)
25 g Xylit, 25 g helles teilentöltes Mandelmehl
25 g Kürbiskerne
1 TL Stollengewürz

FÜR DEN TEIG
100 g Xylit
50 g entöltes Kokosmehl
50 g helles teilentöltes Mandelmehl
5 g Weinsteinpulver
5 g Zimtpulver
2 EL Stollengewürz
½ TL gemahlene Muskatblüte (Macis), ½ TL Meersalz
140 ml neutrales Öl, 2 Eier (L)
250 g Kürbispüree (selbst gemacht oder als Babygläschen)

AUSSERDEM
12 beschichtete Muffinpapierbackförmchen

ZUBEREITUNG: 20 MIN.
BACKEN: 30 MIN.
PRO STÜCK: CA. 220 KCAL, 6 G EW, 16 G F, 4 G KH, 10 G XYLIT

1. Den Backofen auf 190 °C vorheizen. Die Papierbackförmchen auf einem Backblech verteilen. (Sie können die Küchlein natürlich auch in einem Muffinblech backen – dann bitte die Mulden einfetten.) Für die Streusel alle Zutaten im Blitzhacker fein zerkleinern, kühl stellen.

2. Für den Teig die trockenen Zutaten (Xylit, beide Mehle, Backpulver, Zimt und Gewürze) mischen. Die restlichen Zutaten (Öl, Eier, Kürbispüree) in einer Rührschüssel mit den Quirlen des Handrührgeräts so lange verrühren, bis alles gut verbunden ist. Dann die trockenen Zutaten löffelweise dazugeben und unterrühren.

3. Den Teig mit einem Eisportionierer auf die Förmchen verteilen. Die Streusel darüberbröseln und leicht in den Teig drücken.

4. Die Muffins im Ofen auf der zweiten Schiene von unten etwa 30 Minuten backen. Herausnehmen und abkühlen lassen. Zum Servieren nach Belieben mit Puder-Xylit bestäuben. Am besten schmecken die Cupcakes, wenn man sie über Nacht durchziehen lässt.

Tipps: Übrigens können Sie Teig und Streusel auch wunderbar als Kuchen backen! Dazu beides in eine kleine Springform (ca. 18 cm Durchmesser) füllen, etwa 40 Minuten backen (Stäbchenprobe machen, siehe Seite 32).

Beim Kürbis gilt: Alles geht, solange es essbar ist (also keine Zierkürbisse nehmen, die sind giftig)! Ich verwende am liebsten Hokkaido, Butternuss oder Muskat, da diese sich perfekt reiben lassen und eine schöne Farbe bringen. Ansonsten können Sie die Kürbisspalten auch im Ofen garen – da der Kürbis meist größer ist als die benötigte Menge, haben Sie gleich eine Beilage für die nächste Mahlzeit!

KÜRBISBROT
mit gerösteten Pinienkernen

Kürbis macht den Kuchen wunderbar saftig und sorgt auch für eine tolle Farbe! Mein süßes Kürbisbrot ist ein unkomplizierter Snack, den Sie pur genießen oder mit kräftigem Käse kombinieren können.

ZUTATEN
FÜR 1 RECHTECKIGE BACKFORM (CA. 20 X 25 CM; ODER 1 KLEINE SPRINGFORM, 20 CM DURCHMESSER; 12 STÜCKE)

Butter für die Form
15 g Kürbiskerne
25 g Pinienkerne
3 Eier (L)
100 g Xylit und 1 EL zum Bestreuen
75 g natives Kokosöl
100 g helles teilentöltes Mandelmehl
1 Pck. Weinsteinbackpulver
200 g Kürbispüree (selbst gemacht oder als Babygläschen, siehe Tipp)

ZUBEREITUNG: 15 MIN.
BACKEN: 30 MIN.
PRO STÜCK: CA. 150 KCAL,
7 G EW, 10 G F, 2 G KH, 9 G XYLIT

1. Den Backofen auf 175 °C vorheizen. Die Form einfetten oder mit Backpapier auslegen. Kürbis- und Pinienkerne in einer beschichteten Pfanne ohne Fett hell anrösten. Herausnehmen und abkühlen lassen.

2. Eier und Xylit in einer Rührschüssel mit den Quirlen des Handrührgeräts hell aufschlagen. Das Kokosöl zerlassen und in die Eiermasse laufen lassen, dabei immer weiterrühren.

3. Mandelmehl und Backpulver dazugeben, dann das Kürbispüree untermischen. Den Teig in die Form füllen und mit den gerösteten Kernen und 1 EL Xylit bestreuen.

4. Das Kürbisbrot im Ofen auf der mittleren Schiene etwa 30 Minuten backen. Anschließend herausnehmen und auf einem Kuchengitter abkühlen lassen.

Tipp: In der Saison gare ich dafür am liebsten Hokkaido- oder Butternusskürbis – das geht ganz einfach: Für 200 g Kürbispüree etwa 400 g geschälten Kürbis in Spalten auf einem mit Backpapier ausgelegten Blech im Ofen bei 200 °C auf der mittleren Schiene etwa 35 Minuten garen. Dann herausnehmen und in einem hohen Rührbecher mit dem Stabmixer fein pürieren. Alternativ geht auch ein fertiges Kürbispüree wunderbar. Ungesüßt finden Sie es bei den Babygläschen – es schmeckt angenehm neutral und spart Putzen, Garen und Pürieren.

AVOCADOMUFFINS
mit Schokolade

„Du kannst nicht jeden glücklich machen, du bist keine Avocado!" Schon mal gehört? Tatsächlich hat die Avocado wohl den größten Lauf seit Jahren – egal ob im Hipster-Café in der Frühstücks-Bowl oder daheim im Smoothie.

Zutaten
für 6 Muffins

100 g Zartbitterschokolade (90 % Kakaoanteil; oder Low-Carb-Schokolade)
30 g natives Kokosöl
100 g Avocadofruchtfleisch (von 1 Avocado)
3 EL Milch oder Sahne
50 g Xylit
1 Ei (L)
1 EL helles entöltes Mandelmehl

Außerdem
6 beschichtete Muffinpapierbackförmchen

Zubereitung: 15 Min.
Backen: 30 Min.
Pro Stück: ca. 205 kcal, 4 g EW, 17 g F, 2 g KH, 12 g Xylit

1. Für die Muffins den Backofen auf 180 °C vorheizen. Die Papierbackförmchen auf einem Backblech verteilen. (Sie können die Küchlein natürlich auch in einem Muffinblech backen – dann bitte die Mulden einfetten.)

2. Die Schokolade grob hacken und mit dem Kokosöl in einer Edelstahlschüssel über dem heißen Wasserbad zerlassen, vom Wasserbad nehmen und leicht abkühlen lassen.

3. Das Avocadofruchtfleisch mit der Milch oder Sahne und dem Xylit fein pürieren. Das Ei mit den Quirlen des Handrührgeräts in die Schokomasse einrühren. Das Avocadopüree dazugeben und unterrühren. Zuletzt das Mandelmehl untermischen.

4. Den Teig in die Förmchen füllen und nach Belieben mit 30 g grob gehackten Pecannusskernen bestreuen. Im Ofen auf der mittleren Schiene etwa 30 Minuten backen. Herausnehmen und kurz abkühlen lassen, dann aus den Förmchen lösen und auf einem Kuchengitter vollständig abkühlen lassen.

Brot, Brötchen & HERZHAFTES

Haben Sie Ihr Low-Carb-Brot schon mal selbst gebacken? Besitzen Sie vielleicht sogar mein Buch „Low Carb Brot & Brötchen“ und sind inzwischen Profi auf dem Gebiet? Egal ob geübt oder nicht – ich habe eine Handvoll Basisrezepte zusammengestellt, die mit wenig Zutaten auskommen und schnell gemacht sind. Mini-Brötchen, Knäckebrot und saftiges Baguette schmecken toll und sorgen für Abwechslung bei der Brotzeit. Die Pizza-Party lässt auch nicht auf sich warten!

Step by step

TOAST MIT KÜRBISKERNEN

Mein absoluter Liebling aus der Low-Carb-Backstube. Warum? Weil das Toastbrot kein bisschen „Low Carb" schmeckt und die ganze Familie es liebt. Zart und luftig eignet es sich hervorragend für Croûtons oder Brotsalat!

ZUTATEN
FÜR 1 KLEINE KASTENFORM
(CA. 24 CM LÄNGE; 12 STÜCKE)

100 g Kürbiskerne
6 g Weinsteinbackpulver
6 g Flohsamenschalenpulver
½ TL Salz
2 Eier (L)
130 g Schmand

ZUBEREITUNG: 5 MIN.
QUELLEN: 30 MIN.
BACKEN: 40 MIN.
PRO STÜCK: CA. 85 KCAL,
4 G EW, 7 G F, 1 G KH, 0 G XYLIT

Die Kürbiskerne im Blitzhacker fein mahlen. Erst die trockenen Zutaten vermengen: Dazu die Kürbiskerne mit dem Backpulver, den Flohsamenschalen und dem Salz in einer Rührschüssel mischen.

Die Eier und den Schmand in die Rührschüssel geben und alles mit einem Schneebesen zu einem glatten flüssigen Teig verrühren. (Die in den Flohsamenschalen enthaltenen Ballaststoffe nehmen die Feuchtigkeit aus Eiern und Schmand auf und binden auf diese Weise die ganze Masse.)

Den Teig zugedeckt etwa 30 Minuten quellen lassen. Den Backofen auf 175 °C vorheizen. Die Form mit Backpapier auslegen (alternativ in einer Silikonbackform backen).

Den Teig mit einem Teigschaber in die Form füllen und glatt streichen. Nach Belieben Kürbiskerne daraufstreuen. Das Brot zunächst im Ofen auf der mittleren Schiene etwa 30 Minuten backen. Herausnehmen und vorsichtig aus der Form lösen, wieder auf den Ofenrost setzen und weitere 10 Minuten backen. Das Brot aus dem Ofen nehmen und auf einem Kuchengitter vollständig abkühlen lassen.

TIPP:

Für eine gängige Kastenform (ca. 30 cm Länge) verdoppeln Sie bitte einfach die Zutaten und machen eine Stäbchenprobe (siehe Seite 32), da sich die Backzeit verlängert! In einem Muffinblech lassen sich aus dem Teig auch sehr gut kleine fluffige Brötchen backen.

HERZHAFTES

Pannenhilfe & Wissenswertes

Für meine Brote, Pizzen und Co. habe ich versucht, die Zutaten einfach zu halten. (Teil-)Entöltes Mandelmehl bekommt man mittlerweile in jedem Supermarkt. Ich habe auch mit Sonnenblumenmehl experimentiert und letztendlich mit gemahlenen Kernen, die es überall zu kaufen gibt.

GUT GEBUNDEN

Zum Binden der Nussmehle verwende ich Flohsamenschalenpulver (Psyllium, siehe Seite 8). Die beste Qualität ist weiß und staubfein. Das Pulver braucht eine kleine Weile zum Quellen – und diese müssen Sie dem Gebäck auch geben! Hier ist Geduld gefragt. Erst nach dieser Zeit können Sie die Konsistenz des Teigs wirklich beurteilen und genau dann ist er optimal bereit, um gebacken zu werden.

Natürlich binden auch die Eier den Teig – wie in allen Low-Carb-Teigen. Ich verwende fast immer Eier der Größe L, sofern im Rezept nichts anderes angegeben ist. Und ich empfehle Ihnen die Eier aus Freilandhaltung!

MUT ZUR LÜCKE …

Wo? Auf dem Backblech! Denn ein Lochblech ist für Ihre Low-Carb-Brote, -Brötchen und -Baguettes extrem hilfreich: Hier kann die Hitze gut zirkulieren und das Gebäck wird rundum gleichmäßig gebacken. Ich habe ein rundes Blech und ein Baguette-Blech mit drei „Fächern“, in denen ich auch meine Brötchen backe. Auf den Lochblechen kann das Gebäck später auch abkühlen. Sie sind in der Regel gut beschichtet, sodass die fertigen Backwaren nicht festkleben und sich leicht abnehmen lassen. Auf einem gängigem Blech empfiehlt sich, ein Backpapier daraufzulegen. Oder Sie backen die Brötchen in einem Muffinblech.

NUSS- UND KERNMEHLE

Schon lange kaufe ich keine gemahlenen Nüsse und Kerne mehr, sondern mahle sie selbst. Der große Vorteil: So bekomme ich nur die gewünschte Menge, es bleiben keine leicht verderblichen Reste übrig. Im Blitzhacker oder in einer Nussmühle geht das Mahlen in Sekunden, ich weiß, welche Qualität ich habe, alles ist frisch und ich kann je nach meinen Vorräten experimentieren und Reste aufbrauchen. Die Auswahl ist groß – ich liebe gemahlene Kürbiskerne! Ihre Farbe ist toll, sie schmecken ganz natürlich und haben kein „komisches" Low-Carb-Aroma, wie das meine Tochter wohl formulieren würde. Das Gleiche gilt für Sonnenblumenkerne, Walnüsse, Haselnüsse oder Leinsamen. Von den fertigen Mehlen nutze ich am liebsten Macadamiamehl (siehe Seite 8), das bringt ordentlich Geschmack mit – gemischt mit Kokos- und Mandelmehl einfach perfekt!

LECKER!

Wenn Sie Kerne und Saaten vor dem Mahlen in einer Pfanne ohne Fett hell rösten, erhalten Sie doppelten Geschmack und ein unglaubliches Aroma!

WIE FORMT MAN FEUCHTEN TEIG?

Low-Carb-Teige sind gerne etwas klebriger und feuchter als gängige Brotteige, aber noch lang kein Grund zum Verzweifeln! Brötchen formt man am besten mit angefeuchteten Händen. Für Baguettes und Brote bestreue ich die Arbeitsfläche mit Bambus- oder Kartoffelfasern. Wenn Sie das Gebäck vor dem Backen damit auch noch leicht bestäuben, bekommt es ein wunderbares Finish – wie frisch aus dem Steinofen.

KÄSE-MINIS
mit Macadamiamehl

Bei diesen Brötchen ist der Belag quasi inklusive! Dank des Emmentalers sind sie perfekt für eine deftige Brotzeit. Der Ricotta im Teig macht die Minis besonders zart und saftig, das Macadamiamehl bringt tolles Nussaroma.

ZUTATEN
FÜR 16 STÜCK

70 g entöltes Macadamiamehl (ersatzweise helles teilentöltes Mandelmehl)
50 g entöltes Kokosmehl
5 g Weinsteinbackpulver
5 g Flohsamenschalenpulver
4 Eier (L)
250 g Ricotta
100 g geriebener Emmentaler

ZUBEREITUNG: 15 MIN.
QUELLEN: 30 MIN.
BACKEN: 25 MIN.
PRO STÜCK: CA. 105 KCAL,
7 G EW, 7 G F, 3 G KH, 0 G XYLIT

1. Beide Mehlsorten, das Weinsteinbackpulver und die Flohsamenschalen in einer Schüssel mischen. Die Eier mit dem Ricotta mit den Quirlen des Handrührgeräts aufschlagen und 75 g Emmentaler einrühren. Dann die Mehlmischung esslöffelweise dazugeben und unterrühren. Anschließend alles etwa 30 Minuten quellen lassen.

2. Inzwischen den Backofen auf 200 °C vorheizen. Den Teig nochmals gut durchkneten und daraus mit den Händen 16 flache Brötchen formen. Die Brötchen nebeneinander auf ein Baguette-Lochblech setzen und mit dem restlichen Käse (25 g) bestreuen.

3. Die Brötchen im Ofen auf der mittleren Schiene etwa 25 Minuten backen. Herausnehmen und auf einem Kuchengitter vollständig abkühlen lassen.

Tipp: Gerne können Sie Schinken oder Salami, getrocknete Tomaten – jeweils fein gehackt – oder italienische Kräuter nach dem Quellen noch in den Teig geben, dann bekommen Sie kleine Pizzabrötchen!

KNÄCKEBROT
in drei Variationen

Ein Grundteig, drei tolle Varianten! Das Knäckebrot wird superknusprig und schmeckt mit herzhaftem Belag genauso wie ohne. Perfekt auch zum Mitnehmen ins Büro oder Dippen mit cremigem Kräuterquark.

ZUTATEN
FÜR JE 10 STÜCK

FÜR ALLE KNÄCKEBROTE
50 g geschrotete Leinsamen
100 g Sonnenblumenkerne
10 g Flohsamenschalenpulver
½ TL Salz
½ TL Olivenöl fürs Backpapier

FÜR TOMATEN-CHILI-KNÄCKE
50 g helle Sesamsamen
1 TL Tomatenmark
½ TL Chiliflocken

FÜR KÜRBISKERN-KÄSE-KNÄCKE
50 g Kürbiskerne
25 g geriebener kräftiger Käse

FÜR KRÄUTER-HANF-KNÄCKE
50 g geschrotete Hanfsamen
2 TL getrocknete Kräuter & Gewürze (z. B. Basilikum, Knoblauch, Majoran, Oregano, Paprikapulver)

ZUBEREITUNG: 15 MIN.
QUELLEN: 10 MIN.
BACKEN: 1 STD.
PRO STÜCK (TOMATE-CHILI):
CA. 110 KCAL, 5 G EW, 8 G F,
5 G KH, 0 G XYLIT

1. Für alle Sorten gleich: Alle (trockenen) Zutaten in einer Rührschüssel mischen (beim Kürbiskern-Käse-Knäcke alle Zutaten außer dem Käse!). 270 ml Wasser dazugeben und alles gründlich verrühren. Die Masse etwa 10 Minuten quellen lassen.

2. Inzwischen den Backofen auf 160 °C (Umluft) vorheizen. Ein Backblech mit Backpapier auslegen und mit dem Olivenöl dünn einfetten. Die Masse auf das Backpapier geben und mit einer Teigkarte/einem Teigschaber zu einem dünnen Rechteck in Blechgröße verstreichen.

3. Im Ofen auf der mittleren Schiene etwa 10 Minuten backen. Dann das Blech aus dem Ofen nehmen und die Knäckebrot-Platte mit einem Pizzaroller oder scharfen Messer in 10 rechteckige Scheiben schneiden. Die Ofentemperatur auf 150 °C reduzieren und das Knäckebrot noch etwa 40 Minuten weiterbacken.

4. Anschließend erneut aus dem Ofen nehmen, die Scheiben an den Schnittkanten brechen und wieder umgedreht auf das Blech setzen (bei der Kürbiskern-Käse-Variante jetzt den Käse darüberstreuen!). Im Ofen noch etwa 10 Minuten fertig backen. Das Knäckebrot herausnehmen und abkühlen lassen.

Hier geht's zur Pizza-Party ... →

PIZZA-PARTY
à la Low Carb

Pizzabacken geht auch problemlos und lecker in „Low Carb"! Hier meine vier Lieblingsteige: Jeder wird vorgebacken, dann können Sie ihn nach Wunsch belegen und nochmals 10 Minuten in den Ofen schieben. Genießen Sie den kleinen Urlaub in Italien! Übrigens: Der vierte Pizzaboden ist der aus Hefeteig von Seite 60.

HALLOUMI-PIZZAFLADEN

Zutaten
für 1 Pizzaboden (6 Stücke)

200 g Halloumi-Käse (siehe Tipp)
3 Eier (L)
5 g Flohsamenschalenpulver
1 EL italienische Kräuter (frisch oder getrocknet)

Zubereitung: 10 Min.
Backen: 20 Min.
Pro Stück (ohne Belag):
ca. 165 kcal, 12 g EW, 12 g F, 1 g KH, 0 g Xylit

1. Den Backofen auf 200 °C vorheizen. Ein Backblech mit Backpapier auslegen.

2. Alle Zutaten – bis auf die Kräuter – im Blitzhacker fein mixen. Mit einem Esslöffel 6 Fladen formen und nebeneinander auf das Blech setzen. Mit den Kräutern bestreuen und im Ofen auf der mittleren Schiene etwa 20 Minuten backen.

3. Die Fladen herausnehmen und als Pizzabrot servieren! Oder Sie belegen die Fladen nach dem Backen mit Tomatenwürfeln und Olivenringen (im Bild Seite 166 oben).

Tipp: Als Käse für Low-Carb-Pizzaböden können Sie die verschiedensten Sorten ausprobieren. Hier verwende ich Halloumi, auch bekannt als Grillkäse. Er ist etwas fester als Mozzarella. Genauso geht aber jeder Hartkäse – wie Gouda, Cheddar oder Emmentaler. Wer es extrawürzig mag, nimmt natürlich Appenzeller, Greyerzer oder Bergkäse. Wichtig: Alle Käsesorten möglichst fein reiben, dann wird der Teig schön kompakt.

REIBEKÄSE-PIZZABODEN

ZUTATEN FÜR 1 PIZZABODEN (4 STÜCKE)

45 g geriebener Hartkäse oder Mozzarella, 1 Ei (L)
50 g Frischkäse (Doppelrahmstufe) oder Speisequark (20 % Fett)
10 g helles teilentöltes Mandelmehl
1 EL italienische Kräuter (frisch oder getrocknet)

ZUBEREITUNG: 10 MIN.
BACKEN: 35 MIN.
PRO STÜCK (OHNE BELAG):
CA. 110 KCAL, 8 G EW, 9 G F, 1 G KH, 0 G XYLIT

1. Den Backofen auf 180 °C (Umluft) vorheizen. Das Backblech mit Backpapier auslegen.

2. Alle Zutaten im Blitzhacker fein mixen. Aus dem Teig einen runden Boden formen und auf das Blech legen. Den Pizzaboden im Ofen auf der mittleren Schiene etwa 25 Minuten backen.

3. Herausnehmen und nach Belieben mit Zucchini, Brokkoli und gelber Paprika belegen. Dann im Ofen auf der mittleren Schiene nochmals etwa 10 Minuten fertig backen (im Bild Seite 166 unten).

THUNFISCH-PIZZABODEN

ZUTATEN FÜR 1 PIZZABODEN (4 STÜCKE)

100 g Thunfisch (im eigenen Saft, abgetropft)
80 g Frischkäse (Doppelrahmstufe)
1 Ei (L)
100 g geriebener Cheddar

ZUBEREITUNG: 10 MIN.
BACKEN: 35 MIN.
PRO STÜCK (OHNE BELAG):
CA. 210 KCAL, 16 G EW, 16 G F, 1 G KH, 0 G XYLIT

1. Den Backofen auf 180 °C (Umluft) vorheizen. Das Backblech mit Backpapier auslegen.

2. Alle Zutaten im Blitzhacker fein mixen. Aus dem Teig einen runden Boden formen und auf das Blech legen. Den Pizzaboden im Ofen auf der mittleren Schiene etwa 25 Minuten backen.

3. Herausnehmen und nach Belieben mit Schinkenscheiben und Champignons belegen. Dann im Ofen auf der mittleren Schiene nochmals etwa 10 Minuten fertig backen (im Bild Seite 167 unten).

QUARKBROT
mit Sesam und Käse

Ein deftiges Körnerbrot – innen schön saftig durch den Quark, außen mit toller Sesamkruste. Der Käse verleiht ihm ein rustikales Aroma. Mir schmeckt das Brot am besten pur mit Butter und 1 Prise Salz.

Zutaten
für 1 Laib (20 Scheiben)

200 g Speisequark (20 % Fett)
3 Eier (L)
50 g gemahlene Mandeln
100 g gemahlene Haselnüsse
100 g geschrotete Leinsamen
½ Pck. Weinsteinbackpulver
60 g helle Sesamsamen
5 g Flohsamenschalenpulver
100 g geriebener Gouda

Zubereitung: 10 Min.
Quellen: 10 Min.
Backen: 1 Std. 15 Min.
Pro Scheibe: ca. 130 kcal,
6 g EW, 11 g F, 2 g KH, 0 g Xylit

1. Den Backofen auf 160 °C (Umluft) vorheizen. Ein Backblech mit Backpapier auslegen.

2. Den Quark in einer Rührschüssel mit den Eiern gründlich verrühren. Mandeln, Haselnüsse, Leinsamen, Backpulver, 50 g Sesam und Flohsamenschalen mischen und zur Quark-Eier-Masse geben. Alles mit einem Löffel gründlich durchrühren. Den Käse ebenfalls unterrühren und den Teig etwa 10 Minuten quellen lassen.

3. Anschließend den Teig mit angefeuchteten Händen zu einem Laib formen und auf das Blech setzen. Mit restlichen Sesamsamen (10 g) bestreuen.

4. Das Brot im Ofen auf der mittleren Schiene etwa 1 Stunde 15 Minuten goldbraun backen. Sollte die Oberfläche zu stark bräunen, mit Backpapier abdecken. Das Brot herausnehmen und auf einem Kuchengitter vollständig abkühlen lassen.

DIE KERNIGEN

(Brötchen mit Hüttenkäse)

Hütten(käse-)Gaudi schon zum Frühstück! Diese kleinen fluffigen Brötchen sind so einfach zu machen und dabei so lecker! Ganz ohne spezielle Low-Carb-Mehle, einfach aus einem Kerne-Mix, den man sich sonst über Salat streut.

Zutaten
für 8 Brötchen

100 g Salatkerne-Mix
5 g Flohsamenschalenpulver
¼ TL Salz
5 g Weinsteinbackpulver
200 g körniger Frischkäse (Hüttenkäse)
2 Eier (L)

Zubereitung: 10 Min.
Quellen: 30 Min.
Backen: 40 Min.
Pro Stück: ca. 120 kcal,
8 g EW, 7 g F, 4 g KH, 0 g Xylit

1. Den Kerne-Mix im Blitzhacker fein mahlen. Mit Flohsamenschalen, Salz und Backpulver mischen. Hüttenkäse und Eier mit den Quirlen des Handrührgeräts verquirlen und zu den trockenen Zutaten geben. Alles gut mischen und etwa 30 Minuten quellen lassen.

2. Den Backofen auf 175 °C vorheizen. Ein Lochblech verwenden. Den Teig nochmals durchkneten und in 8 Portionen teilen. Jede Teigportion mit den Händen zu einem Brötchen formen und kranzförmig auf das Lochblech setzen.

3. Die Brötchen nach Belieben noch mit verschiedenen Kernen oder Samen bestreuen, dann im Ofen auf der mittleren Schiene etwa 40 Minuten backen. Die Brötchen aus dem Ofen nehmen und auf einem Kuchengitter vollständig abkühlen lassen.

Tipp: Sie können auch ein kleines Brot aus dem Teig backen, ich empfehle dann eine kleine Kastenform (ca. 24 cm Länge) und etwa 45 Minuten Backzeit. Nehmen Sie es in den letzten Minuten aus der Form und backen es ohne Form fertig – so wird es rundum knusprig!

BAGUETTES
mit Sonnenblumenkernen

Dass man auch mit gemahlenen Sonnenblumenkernen backen kann, erfuhr ich eher durch Zufall! Das Backwerk – hier mein Baguette – wird superlecker, duftig-fluffig und schmeckt wunderbar.

Zutaten für 2 Baguettes

250 g Speisequark (20 % Fett)
4 Eier (L)
200 g gemahlene Sonnenblumenkerne (siehe Tipp)
10 g Flohsamenschalenpulver
10 g Weinsteinbackpulver
1 TL Salz
je 1 EL Leinsamen und Sonnenblumenkerne
1 EL Bambus- oder Kartoffelfasern zum Arbeiten

Zubereitung: 10 Min.
Quellen: 45 Min.
Backen: 50 Min.
Pro Baguette: ca. 880 kcal, 60 g EW, 47 g F, 46 g KH, 0 g Xylit

1. Quark und Eier mit den Quirlen des Handrührgeräts verquirlen. Die gemahlenen Sonnenblumenkerne, Flohsamenschalen, Backpulver und Salz dazugeben, alles untermischen und gut verkneten. Die Masse etwa 45 Minuten quellen lassen.

2. Dann die Leinsamen und ganzen Sonnenblumenkerne unterkneten. Der Teig ist sehr weich! Den Backofen auf 180 °C vorheizen. Zwei Baguette-Lochbleche vorbereiten.

3. Den Teig in 2 Portionen teilen, jede Teigportion auf der mit Bambus- oder Kartoffelfasern bestäubten Arbeitsfläche nochmals durchkneten und länglich formen. Die Baguettes in die Baguette-Lochbleche legen, dazu am besten vom Rand der Arbeitsplatte in die Rinnen der Bleche gleiten lassen.

4. Die Baguettes im Ofen auf der mittleren Schiene etwa 50 Minuten backen. Herausnehmen und abkühlen lassen.

Tipp: Auch wenn es inzwischen Sonnenblumenkerne fertig gemahlen im Handel gibt: Ich mahle die Kerne im Blitzhacker selbst, das geht ganz schnell. Und: Die Baguettes schmecken auch pur, ohne die Leinsamen und ganzen Sonnenblumenkerne im Teig. Probieren Sie auch mal Kräuterquark oder verfeinern Sie den Teig noch mit getrockneten Tomaten, Rosmarin, Oliven, Parmesan, Röstzwiebeln oder gebratenem Bacon – oder einer anderen leckeren Zutat Ihrer Wahl!

STIMMEN
aus der Community

Für dieses Buch habe ich die Leser und Leserinnen meines Blogs um ihre Meinung gebeten: Was gefällt besonders? Was bäckst du gerne? Gibt es Erfolge mit Low Carb? Hier sind nun die interessantesten Antworten.

„Weil Low Carb bei dir nicht nach Low Carb schmeckt."

DER GÖTTLICHE MOMENT WAR …

… als ich dich zuerst auf Facebook entdeckt habe und dann dein erstes Backbuch (Bibel für mich) in der Hand hatte. Ich habe das als einen Wink des Schicksals empfunden und dann begonnen, alles über dir aufzusaugen. Blog, Facebook, Instagram …

LESS CARBS, MORE LIFE, FEEL FIT!

„Tolle, leicht umsetzbare, leckere Rezepte und liebevoll gestaltete Bücher!"

HERZLICHEN DANK!

Seit Anfang 2018 habe ich meine Ernährung auf LC umgestellt und fast genauso lange begleitet mich Holla die Kochfee mit ihren sehr leckeren Rezepten, die einfach nachzukochen und -backen sind. Sie ist also zu einem großen Teil mit daran beteiligt, dass sich mein Gewicht bis dato um 35 kg reduziert hat!

„Hallo, ich mache gar kein Low Carb, aber ich finde deine Rezepte einfach toll, weil sie gesünder sind …"

„Liebe Petra … seit Ende Februar 2019 durch gesunde Ernährung und mehr Bewegung – 7 Kilo! Wo ein Wille ist, ist auch ein Weg!"

SO EINFACH, SO GUT UND DOCH BESONDERS.

KEIN VERZICHTEN!

Man hat gar nicht das Gefühl, auf etwas zu verzichten oder sich einzuschränken. Man findet zu jedem Anlass und für alle Gelüste das Passende!

WENIGER BIS GAR KEIN BAUCHWEH MEHR

Liebe Petra, ich finde deine Rezepte wirklich alltagstauglich. Nebenbei haben wir festgestellt, dass wir damit weniger bis gar kein Bauchweh mehr haben! Das hat mich doch sehr überzeugt. Dabei wollte ich nur deine Bücher bei mir auf dem Blog rezensieren … Danke!

T

V/W

X/Z

PETRA HOLA-SCHNEIDER

Die Liebe zum Kochen, Backen und Genießen wurde ihr praktisch in die Wiege gelegt, denn Petra Hola-Schneider ist in Böhmen aufgewachsen – dem Schlaraffenland für Knödel, Mehlspeisen und Co. Im Zuge einer Ernährungsumstellung hat Petra Hola-Schneider vor Jahren die Low-Carb-Küche für sich entdeckt, 2014 begann sie, ihre Rezepte auf ihrem Blog „Holla die Kochfee" zu präsentieren. Ihre vielen Fans lieben vor allem die stressfreien Low-Carb-Backrezepte – ihre Muffins, Kuchen, Torten und Brote sind die absoluten Renner. Dieses Backbuch ist ihr inzwischen sechstes Buch – und ein echtes Standardwerk der Low-Carb-Bäckerei. Die „Kochfee" ist mit vielen ihrer Blogger-Kollegen bestens vernetzt und im regen (Rezepte-)Austausch. Für dieses Buch hat sie sich Anita Thomas (www.himmelsglitzerdings.de) mit an die Seite geholt. Von ihr stammen die Rezepte auf den Seiten 26, 80, 120, 146, 164 und 170.

DANKSAGUNG

Mein größter Dank geht an den Erfinder der Auto-Klimaanlage, denn ohne sie wäre es alles nicht gegangen!!! Dankeschön an Ina Speck für die bezaubernden Fotos und die akribische Planung, die es uns einfach gemacht hat, alles in Rekordzeit vor die Linse zu bringen. Vielen lieben Dank an Anita Thomas für die Gastrezepte, an Corinna & Anja mitsamt ihrer Verwandtschaft für die Deko-Leihgaben, an Staub und Zwilling für die wunderschönen Küchenhelfer und Formen, an Eva Hege vom ZS Verlag für unsere erste tolle Zusammenarbeit, an Kathrin Gritschneder und ihre Adleraugen beim Lektorat und an Michael Matejka von den Nürnberger Nachrichten, dem ich das Autorenbild verdanke. Danke an Jürgen Brandt und das ganze ZS Team für die tolle Zusammenarbeit, ihr seid inzwischen schon fast Familie!

WARNHINWEIS

Vorsicht bei Hunden: Wenn die Tiere Birkenzucker (Xylit) verzehren, kann es zur Ausschüttung von Insulin und einem möglicherweise sogar tödlichen Abfall des Blutzuckers kommen. Daher Xylit und alles damit Gebackene unbedingt an einem sicheren Ort aufbewahren! Für Katzen ist Xylit dagegen unbedenklich.

Die Nährwerte in diesem Buch wurden mit dem Programm PRODI® 6.0 Compact Plus berechnet.

© 2019 ZS Verlag GmbH
Kaiserstraße 14 b
D-80801 München

ISBN 978-3-89883-964-8
1. Auflage 2019

Projektleitung: Eva-Maria Hege
Lektorat: Kathrin Gritschneder
Grafische Gestaltung: Julia Arzberger
Foodfotografie: Sabrina Speck (www.inaisst.de); Anke Schütz (S.33, 99, 107; Foodstyling: Diane Dittmer)
Foodstyling: Petra Hola-Schneider, Sabrina Speck
Autorenfoto: Michael Matejka
Herstellung: Frank Jansen
Producing: Jan Russok
Druck & Bindung: optimal media GmbH, Röbel

Kurze Wege schonen die Umwelt
Dieses Buch wurde in Deutschland gedruckt

Im Buch enthaltene Fotos können zur eigenen Nutzung erworben werden unter www.stockfood.de

Die ZS Verlag GmbH ist ein Unternehmen Edel SE & Co. KGaA, Hamburg.
www.zsverlag.de | www.facebook.com/zsverlag